Für Anette,
Josephine, Charlotte und Julius

Thorsten Latzel

Risse

Vom schönen, verletzlichen und widersprüchlichen Leben

Theologische Impulse 2

Impressum

Bibliografische Information der Deutschen Nationalbibliothek:
Die Deutsche Nationalbibliothek verzeichnet diese Publikation in der Deutschen Nationalbibliografie; detaillierte bibliografische Daten sind im Internet über http://dnb.dnb.de abrufbar.
© 2019 Thorsten Latzel
Lektorat und Korrektorat: Anette Latzel
Satz und Gestaltung: Rainer Stenzel, Thorsten Latzel
Coverfoto: Edoardo Denunzio; pixabay.com

Herstellung und Verlag: BoD – Books on Demand, Norderstedt
ISBN: 978–3–7504-0636-0

INHALT

Vorwort.. 7

1. Hineni oder: Der stotternde Mose 9

2. Das Zittern meiner linken Hand............................... 15

3. Die fremden Witwen 23

4. Von der geistlichen Kunst des Radfahrens.................... 29

5. Von Einsam-, Zweisam- und Allsamkeit 35

6. Welches Stück? 39

7. Stirnrunzeln.. 45

8. Die ersten sieben Tage 49

9. „Frí-da! Júu-hu! Where is the cat?" 55

10. „Vielleicht." 61

11. Zur Ruhe kommen. 67

12. Vom Rudern zu zweit und guten Geschichten 73

13. Rückwärtsgehen 77

14. „Du sollst deinen Populisten lieben" 83

15. Der zweite Schlaf 91

16. „Bruder Blau-Auge" 97

17. Pilgern 103

18. Flowerpower 109

19. Der 29. Februar und das Ewige Leben...................... 115

20. „Und die Wahrheit wird euch frei machen" 121

21. „Was wird aus Erwin – jetzt, wo er tot ist?" 127

22. Der Weg in das Land Bitterkeit –
    und der Ort, „da der Herr sieht"............................. 133

Anmerkungen 143

VORWORT

Eine ältere Frau hat einmal zu mir gesagt: *„Das Leben ist eines der schönsten und schwersten, das es gibt."* Was für ein feiner und weiser Satz. Es zeichnet meines Erachtens gute Dichtung ebenso wie gute Theologie aus, wenn sie allen *drei* damit getroffenen Aussagen versucht gerecht zu werden.

Zunächst zur *Schönheit*: Leider gab und gibt es in der christlichen Religion (wie in manchen anderen Religionen) oft ein geistliches Misstrauen gegenüber allem Schönen, Bunten, Sinnlichen. „Alles nichtig, eitel und ein Haschen nach Wind." Was für ein unheiliger Unsinn. So als könnte man den Schöpfer mit langweiligen, graublauen Wollpullovern irgendwie besser loben. Ich meine, Gott hat sich Flamingos, Eisvögel und Tukane ausgedacht. Bei allem Verständnis für Askese und innere Freiheit von Modediktaten: Ästhetische Wurm-Madigkeit ist kein Erweis besonderer Frömmigkeit. Zum Glauben gehört vielmehr die Erkenntnis, „dass ich wunderbar gemacht bin" (Ps 139,14) – und alle andere Menschen, Tiere und Pflanzen auch. Das Leben als Wunder zu erkennen, ist ein Akt des Glaubens.

Zum Leben gehört dann aber auch seine *Schwere*. Ein Leiden an seinen dunklen Seiten: angefangen von den physischen „Übeln" wie Schmerzen, Demenz oder Krebs, über das Böse, das wir einander zufügen, bis hin zur Tatsache unserer aller Endlichkeit. Ich, die anderen, die Welt sind nicht die, die wir sein sollten. Das macht es so schwierig. Jedes Leben ist verletzlich, trägt Risse, Lücken, Wunden. Und gerade, wenn wir so verständlich wie verzweifelt versuchen, uns und unsere Lieben mit allen Mitteln davor zu schützen, machen wir es oft noch viel schlimmer.

Wie das Schöne und das Schwere zusammengeht, gehört zu den großen Herausforderungen im eigenen Leben. Die eigentliche, tiefe Glaubensfrage bei dem eingangs zitierten Satz steckt im „und", im bei-, mit-, neben-, in- und durcheinander von beidem. Wie lassen sich die Widersprüchlichkeiten, die Ambivalenzen jenseits eines bloßen „und" verstehen? Und vor allem wie lässt sich mit ihnen leben, lieben, glauben, hoffen?

Die Essays in diesem Buch gehen dem auf verschiedene Weise nach. Sie bieten keine fertigen Antworten, aber Ansätze, wie ich selbst mit diesen Fragen umzugehen versuche – im Horizont des seinerseits schönen, verletzlichen und „wider-sprüchlichen" Glaubens an den Gekreuzigten. Denn was für das Leben gilt, gilt auch für den Glauben: Ohne ihre (wohlverstandene) tiefe „Wider-Sprüchlichkeit" sind beide nicht zu haben. Sonst hätte Gott sich das mit Kreuz und Auferstehung auch sparen können.

Herzlichen Dank allen, die zum Entstehen des Buches beigetragen haben, vor allem Frau Weintz, Herrn Stenzel und meiner Frau Anette. Sie haben mancher „Irrsal und Wirrsal" gewehrt.

Ich freue mich, wenn die Gedanken Ihnen oder anderen dazu helfen, in getroster Ambivalenz zu leben – mit all der Schönheit, Verletzlichkeit und Wider-Sprüchlichkeit, die dazu gehören.

Thorsten Latzel   Darmstadt, Januar 2020

1. HINENI ODER:
DER STOTTERNDE MOSE
Hommage an Leonard Cohen

Ein persönliches Lied, ein voluminöses Kunstwerk und eine brennende Frage.

Ein persönliches Lied

Am 7. Nov. 2016 starb der kanadische Dichter, Komponist und Sänger Leonard Cohen. Bekannt geworden ist er durch Stücke wie *Hallelujah, Suzanne* oder *So Long, Marianne.* Zeitlebens litt Leonard Cohen unter schweren Depressionen. Er liebte intensiv verschiedene Frauen – ohne jemals verheiratet gewesen zu sein. Sein Großvater und Urgroßvater waren Synagogenvorsteher gewesen, seine Lieder sind tief geprägt vom jüdischen Glauben und der Sprache des Alten Testaments. Drei Wochen vor seinem Tod erschien sein letztes Album *You want it darker.*

In düsteren, melancholischen Liedern singt der jüdische Sänger Cohen in Form eines Liebesliedes über sich selbst und über Gott und über die unmögliche Möglichkeit, an ihn zu glauben. *You want it darker* ist eine hoch persönliche Ballade eines tiefgläubigen Atheisten, eines frommen Zweiflers.

"If you are the dealer	*I'm out of the game*
If you are the healer	*I'm broken and lame*
If thine is the glory	*Then mine must be the*
	shame
You want it darker	*We kill the flame"[1]*

In einem anderen Stück des Albums – *Treaty* – spitzt Cohen seine Auseinandersetzung mit Gott noch weiter zu – bis hin zur Bestreitung von dessen Existenz, für die er sich paradoxer Weise bei Gott in einem Gebet entschuldigt.

> *"I'm so sorry for that ghost I made you be*
> *Only one of us was real – and that was me."*

> *"A million candles burning*
> *For the help that never came"[2]*

Ein voluminöses Kunstwerk

Im Rahmen der EKHN-Kunstinitiative „Gnade" im Jahr 2017 kreierte der junge Stuttgarter Künstler Georg Lutz in der Martinskirche in Darmstadt das Kunstwerk „5 tons of prayer".[3] Wachs- und Kerzenreste von Gebets-Kerzen, die im letzten dreiviertel Jahr in einer Kölner Kirche abgebrannt worden waren. Georg Lutz hatte sie zu einem großen Reste-Berg angehäuft. Ein Kunstwerk, das durch seine schiere Masse sprach. Fünf Tonnen. Soviel, dass zunächst unsicher war, ob das Kellergewölbe der Kirche sie würde tragen können. Stumme Spuren menschlichen Redens mit Gott. Eine Materialisierung von tausenden und abertausenden von Bitten, Dank, Klagen, die an Gott gerichtet wurden. Gebete, von denen die Betenden hoffen, dass sie erhört werden. So, wie es die großen, alten Verheißungen der Bibel zusagen:

> *„Das geknickte Rohr wird er nicht zerbrechen und den*
> *glimmenden Docht wird er nicht auslöschen." (Jes 42,3)*
> *„Bittet, so wird euch gegeben. Suchet, so werdet, ihr*
> *finden. Klopfet an, so wird euch aufgetan." (Mt 7,7)*

Der Gebetskerzen-Berg als ein Zeichen von Glauben und Zuversicht gegen die Dunkelheit.

Oder sind die Gebete mit den Kerzen verraucht und verloschen? Der Kerzenberg stünde dann als Monument für viele enttäuschte Hoffnungen. So, wie es auch die Mütter und Väter unseres Glaubens beklagt haben.

Etwa in Psalm 22, den Worten, mit denen Jesus am Kreuz starb:

> *„Mein Gott, mein Gott, warum hast du mich verlassen?*
> *Ich schreie, aber meine Hilfe ist ferne.*
> *Mein Gott, des Tages rufe ich, doch antwortest du nicht;*
> *und des Nachts, doch finde ich keine Ruhe." (Ps 22,2f.)*

> *"A million candles burning for the help that never came"?*

Womit wir bei der brennenden Frage sind:

Ob Gott hört? Ob er unsere Bitten erhört? Ob unsere Gebete mehr sind als ein spirituelles Beruhigungsmittel – gut für Kinder, Alte, Kranke, Bettler und fromme Narren, die sich selbst nicht anders zu helfen wissen? Gnade und Gnadenlosigkeit: Das Gebet ist der Ort, an dem beides im Leben erfahren werden kann.

Bei der Frage, ob Gott hört, geht es um mehr als nur um fromme Innerlichkeit. Es geht letztlich um eine Hoffnung für die gesamte Schöpfung. Um eine Zukunft für uns, unsere Gesellschaft, unsere Welt – über das Vorfindliche hinaus. Eine Hoffnung jenseits von Optimismus, gegen den Augenschein, wider das Gefühl allgegenwärtiger Krisen.

Es gibt eine Geschichte in der Bibel, die in besonderer Weise von dieser Frage handelt, ob Gott hört. Die Geschichte vom brennenden Dornbusch (2.Mose 3,1–4,17). Es ist eine Geschichte von großer persönlicher Intimität, die Berufung des Mose. Es ist zudem eine Geschichte von gesellschaftlicher Relevanz: Die Rettung des Volkes Israel beginnt. Und es ist die einzige Stelle in der Bibel, in der Gott seinen Namen verrät.

Der Name Gottes ist zugleich der Schlüssel für die Frage, ob Gott hört. Es ist ein Name, der nicht zu übersetzen ist, weil er viele verschiedene Bedeutungsschichten hat, so verschieden wie die Erfahrungen mit dem Gebet. Drei klassische Übersetzungsversuche, die alle etwas aussagen über Gott, den Menschen und die Frage, ob er unser Beten hört.

1. Ich werde sein, der ich sein werde

Im Gebet erfährt der Mensch die unbedingte, radikale *Freiheit Gottes* – und die eigene ebenso unbedingte Angewiesenheit auf ihn. In der Geschichte spiegelt sich dies in dem Bild des brennenden Dornbuschs. Er ist nicht zu fassen, unverfügbar, von letztgültiger, erhabener Freiheit. Mose zieht es die Schuhe aus. Er verhüllt sein Angesicht. Der Mensch als existentiell barfußes

Wesen mit verhülltem Angesicht. Wir haben kein metaphysisches Fell, keine Schuhe, keinen sicheren Stand, keinen klaren Blick auf die Welt, das Leben, auf Gott. Ein Gott, der für uns planbar, handhabbar, berechenbar wäre, wäre kein Gott. Wir sind – soweit wir es wissen – das einzige Geschöpf, das um Gott weiß. Und zugleich auch das einzige, das weiß, dass Gott uns nicht zur Verfügung steht. Wir haben es nicht in der Hand, dass Gott hört. Wir stehen geistlich barfuß da.

2. Ich werde da sein

Das Gebet ist sodann verbunden mit der Erfahrung der *verborgenen Gegenwart Gottes*. Selbst in seinem Schweigen ist Gott gegenwärtig. Es ist eine zutiefst paradoxe Zuversicht des Glaubens, die oft selbst gegen die eigene Erfahrung steht. Die Zuversicht, dass Gott da ist. Dass er uns hört, selbst wenn er schweigt. Auch wenn das, was er hört, oft nur noch meine Klage über seine Ferne ist. In der Geschichte spiegelt sich das ebenfalls in dem Bild des brennenden Busches wider. Der Busch brennt als Zeichen der Gegenwart Gottes. Gott ist da, Gott hört. Und in diesem Falle spricht Gott sogar. Aus dem Busch erfolgt die Anrede an Mose. Gott sagt zu, dass er das Schreien seines Volkes hört, dass er sein Elend sieht, dass er gegenwärtig ist und sein wird.

Gott wird da sein. Gott hört – auch wenn er schweigt. Das ist seine Zusage aus dem brennenden Dornbusch. Und es die unverwüstliche Hoffnung des Glaubens – immer wieder auch im Widerspruch zur eigenen Erfahrung der Gottesferne.

3. Ich werde für dich da sein – ich werde mit dir sein

Im Gebet erfahren wir schließlich manchmal, gebrochen, in Hoffnung, dass Gott hilft und dass wir frei sind. Gott mischt sich ein, macht das Leid Israels, der Menschen, der Welt zu seinem Leid. Und er macht Mose, sein Volk, den Menschen zugleich frei, um für andere da zu sein. Die Erfahrung des helfenden Eingreifens Gottes und der eigenen Freiheit zu lieben. Auch das gehört zum Gebet. In der Geschichte drückt sich dies in der Berufung des Mose aus. Es ist die Geschichte des hadernden, stotternden, zweifelnden Menschen – und des in ihn vertrauenden Gottes. Mose findet immer neue Gründe, warum er nicht der sein kann, der das Volk herausführt. Doch Gott nimmt ihn mit hinein in sein eigenes „Ich werde für dich da sein". Dem Namen Gottes entspricht das „Hineni" des Mose vom Anfang: „Hier bin ich." Wir werden als Menschen so selbst hineingenommen in die drei Namen Gottes und in den Prozess der Liebe, die sich darin ausdrückt, in seine Freiheit, in seine Gegenwart, in seine Selbsthingabe für andere. Wenn wir mit ihm das Schreien der anderen hören, uns nicht länger vom eigenen Unvermögen bestimmen lassen und unser eigenes „Hier bin ich", sprechen.

Mit Leonard Cohen habe ich begonnen. Mit ihm möchte ich auch schließen. In einem früheren Stück *Anthem* gibt es einen wunderschönen Satz der Hoffnung wider allen Augenschein:

> *"There is a crack, a crack in everything*
> *That's how the light gets in."*[4]

Unsere Brüche, unser Unvermögen, unser Stottern sind es, in denen das Licht der Hoffnung in unsere Welt dringt. Wie in der Berufung des hadernden Mose. Es sind die Risse, die wir zulassen; durch sie scheint, so es Gott gefällt, für uns und für andere Licht herein.

2. DAS ZITTERN
MEINER LINKEN HAND

Vielleicht kennen Sie das auch, dass eines Ihrer Körperteile nicht tut, was es soll: Das Ohr pfeift, das Knie scheuert, der Magen krampft. Jede/r hat seine/ihre eigene Achillesferse. Bei mir ist es (neben ein paar anderen Macken) gerade meine linke Hand. Sie zittert. Das tut sie eigentlich schon immer, so lang ich denken kann. Essentieller Tremor. Nicht weiter schlimm. In den letzten Jahren ist es nur intensiver geworden. Was recht lästig werden kann, etwa beim Halten von Suppenschälchen bei Empfängen. Als ich einen Facharzt noch einmal dazu befragt habe, meinte er lapidar: „Na, Ihre Rechte zittert ja ebenfalls. Das fällt nur nicht so auf." Auch nett.

Wenn am eigenen Körper etwas nicht richtig funktioniert, fehlt oder seltsam aussieht, bekommt die Sache für einen persönlich oft mit einem Mal einen besonderen Wert. Ich habe etwa 48 Jahre lang nie auch nur im Geringsten das wahre Wunderwerk meines Schultergelenks gewürdigt, bis ich es mir gebrochen hatte. Was meine linke Hand betrifft: Ich finde mittlerweile Neurochirurgen, Pianisten und Bogenschützen faszinierend. Dr. Derek Shepherd in „Grey's anatomy", den Musiker Don Shirley in „Green Book" oder Russell Crowe als „Robin Hood". Alles Helden, die ihre Taten mit „ruhiger Hand" vollbringen. Ein Ausdruck für aufreizende Gelassenheit, kompetente Souveränität, tiefen zen-artigen Einklang mit sich selbst. Geht mit meiner Hand leider alles nicht. Meine Linke zittert (schon gut, die Rechte auch). Von daher ist es auch perspektivisch gut, dass ich Pfarrer geworden bin. Beim Segnen hat das Zittern eher eine magische Wirkung (auf jeden Fall besser als bei einer Gehirn-OP).

Nun will ich mich gar nicht beschweren. Handicaps gehören zum Menschsein dazu. Was wäre unsere Menschheit ohne die Gehandicapten. Moses hat wohl gestottert. Sokrates war ausnehmend hässlich. Aristoteles Epileptiker. Thomas von Aquin adipös. Bei Mozart besteht Verdacht auf Tourette-Syndrom. Frida Kahlo litt an Kinderlähmung und Spina bifida. Stephen Hawking an der degenerativen Nervenkrankheit ALS. Helen Keller war taubblind. John Nash schizophren. Jürgen Habermas kam mit einer Gaumenspalte zur Welt. Und Lady Gaga hat neben Bulimie eine Auto-Immun-Krankheit.

Wie wäre die Geistes- und Kulturgeschichte eigentlich verlaufen, wenn man zu früheren Zeiten schon eine umfassende Pränataldiagnostik hätte durchführen können: „Herr und Frau Einstein, ich muss Ihnen leider mitteilen, Ihr Kind könnte möglicherweise behindert sein"? Wir hätten lauter kerngesunde Schaufensterpuppen, mit ruhigen Händen.

Ohne körperliches oder psychisches Leiden wegreden zu wollen: „Behinderung" ist der treffende Ausdruck für die Unfähigkeit einer Gesellschaft, mit der besonderen Eigenart und den Einschränkungen von Menschen umgehen zu können.

In Kindheit und Alter gehören Handicaps ohnehin flächendeckend dazu. Angesichts einer durchschnittlichen Lebenserwartung von etwa 80 Jahren ist es schon verwunderlich, dass wir ungefähr ein Drittel unseres Lebens zwischen 15 und 40 als „normal" ansehen und den Rest als „handicap-time".

Eine zentrale Frage ist, wie ich lerne, mit meinen Einschränkungen und Behinderungen umzugehen. Nicht nur praktisch (Suppe vermeiden), sondern auch im Blick darauf, wie ich mich, mein Leben, Gott verstehe.

In der Bibel spielt das eine große Rolle. Etwa in den Berufungsgeschichten von Prophet/innen. Sie laufen meist nach einem ähnlichen Schema ab. Gott beauftragt einen Menschen. Der sagt, dass er zu klein, dick, dumm und hässlich und überhaupt zu ungeschickt sei. Und Gott sagt, dass er es trotzdem tun soll, weil er mit ihm ist. Das finde ich hilfreich, dass ich mich in meiner „Bestimmung" nicht durch meine Behinderung beschränken lassen sollte.

Eine ältere Besucherin unserer Akademie, die nur noch sehr schwer hören und laufen kann, hat das einmal auf eindrückliche Weise ausgedrückt: „Ich lasse mir durch meine Krankheit doch nicht vorschreiben, was ich tue oder nicht."

Eine besonders intensive Auseinandersetzung mit eigenem Leiden findet sich bei Paulus. Es ist eine Stelle von tiefer persönlicher religiöser Erkenntnis – und zugleich eine Stelle, die in der Kirche viel Unheil angerichtet hat. Paulus spricht dort von einem *„Pfahl im Fleisch, nämlich des Satans Engel, der mich mit Fäusten schlagen soll, damit ich mich nicht überhebe. Seinetwegen habe ich dreimal zum Herrn gefleht, dass er von mir weiche. Und* *er hat zu mir gesagt: Lass dir an meiner Gnade genügen; denn meine Kraft vollendet sich in der Schwachheit. Darum will ich mich am allerliebsten rühmen meiner Schwachheit, auf dass die Kraft Christi bei mir wohne. Darum bin ich guten Mutes in Schwachheit, in Misshandlungen, in Nöten, in Verfolgungen und Ängsten um Christi willen; denn wenn ich schwach bin, so bin ich stark."* (2.Kor 12,7–10)

Die Verse sind in der Geschichte der Christen oft als eine religiöse „Umwertung aller Werte" (Nietzsche)[5] verstanden worden: „Wenn ich schwach bin, so bin ich stark." Eine Sichtweise, die dann alles Starke, Schöne, Kluge ... suspekt erscheinen lässt – und in Schwachheit, Leiden, Krankheit umgekehrt einen positiven Wert an sich sieht.

Was für ein Unsinn! Und was für ein madenwurmiges, popeliges Denken, das glaubt, Gott näher zu sein, indem es sich selbst – und andere – immer kleiner, grauer, hässlicher macht. Gott hat überhaupt kein Problem mit meiner Schönheit. Und auch nicht damit, wenn ich klug, stark, gesund bin. Im Gegenteil: Er hat mich schließlich so geschaffen. Das Zittern meiner Hand ist kein Zeichen besonderer Heiligkeit.

Eine Gesellschaft, die mit Behinderung nicht umgehen kann, ist ebenso verkehrt wie ein Glaube, der nichts mit Gesundheit anzufangen weiß. Das Problem ist nicht, dass Gott uns schön, stark, klug gemacht hat. Das Problem ist, wenn wir nicht recht damit umgehen können. Nämlich so, dass es uns auch die anderen als schön, stark, klug erkennen lässt.

Dagegen wendet sich Paulus an dieser Stelle seiner sogenannten „Narrenrede". Er streitet gegen aufgeblasene „Wannabe-

Weisheitslehrer", die sich auf ihre religiösen Einsichten viel einbilden und damit über andere erheben. Eine religiöse Weisheit, die meint, andere zur unerleuchteten Masse machen zu müssen, ist gefährliche Dummheit. Auch wenn dieses Spiel bei frömmelnden Bekehrungs-Predigern immer wieder beliebt ist: „Ich aber sage Dir ...". Ein Spiel, das den Narzissmus des einen und den religiösen Masochismus der vielen bedient. Dagegen macht sich Paulus selbst zum Narren, um dieses Spiel zu durchkreuzen.

Die tiefere Einsicht des Paulus im Blick auf sein eigenes Leiden liegt darin, dass er durch seine Schwäche anderes verstanden hat. Eine ganz persönlich, individuell erschlossene Weisheit anderer Ordnung. Verluste können sehen lehren. Handicaps können einem die Augen öffnen. Sie müssen es aber nicht.

Wie bei dem antiken Motiv des „blinden Sehers". Man wird nicht notwendig weiser, wenn man weniger sieht. Auch Augenleiden schützen nicht vor Dummheit. Aber sie können (wie andere Leiden) manchen Menschen in bestimmten individuellen Situationen helfen, Zugang zu einer tieferen Schönheit, Weisheit, Stärke zu finden.

Paulus half sein Leiden (was immer es auch gewesen sein mag) zu verstehen, dass Gott sich auf paradoxe Weise in Christus am Kreuz zeigt: als ein leidender, mitleidender Gott, der an der Seite der Starken und Schwachen, der Schönen und Hässlichen, der Frommen und Sünder ist. Auf dass wir einmal alle an seinem Tisch Platz nehmen werden – ob nun mit zitternden oder mit ruhigen Händen oder mit welchen anderen Macken oder Stärken, die uns wie auch immer in unserem Leben beschäftigen mögen.

Gebet I: Heilige Blödheit

O Gott,
erbarme Dich
meiner Klugheit
wie meiner Blödheit.
Meiner Schönheit
wie meiner Hässlichkeit.
Meiner Tugenden
wie meiner Laster.
Du hast es
mit beiden nicht leicht.

Bewahre mich
vor dem Irrglauben,
ich müsste klein werden,
um Dich groß zu machen.
Wie vor dem anderen Irrtum,
mein Licht leuchtete heller,
wenn ich andere in den Schatten stelle.

Lass mich teilhaben
an Deinem Reichtum,
der nicht abnimmt,
wenn er gibt.
An Deiner Schönheit,
die aufblüht,
wenn sie sich verschenkt.
An Deiner Stärke,
die den Schwachen neue Kraft verleiht.

Gebet II: Heiliges Zittern

Ach, Gott,
ich wäre gerne so
heilig,
ruhig,
abgeklärt,
ganz bei Dir und mir.
Wie die weite, stille See
wie der Spiegel des Himmels.

Doch ich zittere
wie eine kleine schlammige Pfütze
aufgewühlt
von jedem banalen
Regen-Tropfen
und vom festen Tritt
der dahinmarschierenden anderen.

Sei's drum.
Lass mich zittern.
Wie Du selbst
damals im Garten
gezittert hast.
In der Hoffnung darauf,
dass einmal alles Zittern
geborgen sein wird
in Dir.

3. Die fremden Witwen
oder: Von der Liebe in Zeiten des Alltags

Die Liebe zum Nächsten oder gar zum Fremden ist eine tolle Sache. Wenn es da den Alltag nicht gäbe. Steuererklärung, Wohnung aufräumen, das Auto zum TÜV. Die Kinder zum Kunstkurs, Kieferorthopäden, Klassenausflug. Bei der Arbeit drücken Termine. Dann wird es mit der Nächsten-Liebe schon mal schwieriger. Zumal es so viele davon gibt. Allein 750.000 in Frankfurt. Weltweit über 7,5 Milliarden. Und alle so verschieden. Da bleibt man am besten unter sich. Oder um es mit Methusalix zu sagen: „Ich habe nichts gegen Fremde. Einige meiner besten Freunde sind Fremde. Aber diese Fremden sind nicht von hier."[6] Der Alltag als Liebestöter. Nicht nur der erotischen.

Bei den biblischen Geschichten, etwa der vom barmherzigen Samariter, ist das ja noch alles schön übersichtlich. Ein einziger Schwerverletzter am Wegesrand. Noch dazu in einer offensichtlichen Notsituation. Es wäre schlicht unterlassene Hilfeleistung, hier nicht einzugreifen. § 323c StGB: *„Wer bei Unglücksfällen oder gemeiner Gefahr oder Not nicht Hilfe leistet, obwohl dies erforderlich und ihm den Umständen nach zuzumuten [...] ist, wird mit Freiheitsstrafe bis zu einem Jahr oder mit Geldstrafe bestraft."*[7]

Die besondere Pointe bei der Geschichte vom Samariter liegt aber in etwas Anderem. Nämlich im Perspektivwechsel: Nicht der Andere ist der Nächste, sondern ich werde zum Nächsten – wenn ich mich vom Leid des Anderen berühren lasse. Die Liebe als eine Bewegung der Freiheit, dem Anderen ein Nächster zu werden. Eine Freiheit, in der ich als Helfender selbst die unbedingte Nähe Gottes erfahre. In der Liebe zum Nächsten gewinnt die Freiheit allererst ihre Gestalt.

Doch auch damit ist die Sache nicht so einfach. Das zeigen andere Geschichten von den ersten Christen. Lukas etwa zeichnet in der Apostelgeschichte zunächst ein paradiesisches Idealbild des Anfangs. *„Die Menge der Gläubigen aber war ein Herz und eine Seele. Auch nicht einer sagte von seinen Gütern, dass sie sein wären, sondern es war ihnen alles gemeinsam. ... Und es war auch keiner unter ihnen, der Mangel hatte."* *(Apg 4,32.43)*

Ach, wie schön! Selbst wenn man mal von dem kleinen tödlichen Zwischenfall mit Hananias und Saphira absieht, die vom Teilen nicht ganz so viel hielten und eher zu einem Modell von Privatbesitz mit volkskirchlicher Spendenpraxis und kleinem Steuerbetrug neigten. Gerade mal ein Kapitel dauert es – und schon knarzt es bedenklich im urgemeindlichen Gebälk. Oder besser gesagt: Es „murrt" in Teilen der Gemeinde. „Murren" – ein herrlich altes Wort dafür, wenn es mit der Freiheit nicht so läuft, wie man es sich gewünscht.

Da ist dann zu lesen: *„In diesen Tagen aber, als die Zahl der Jünger zunahm, erhob sich ein Murren unter den griechischen Juden in der Gemeinde gegen die hebräischen, weil ihre Witwen übersehen wurden bei der täglichen Versorgung."* *(Apg 6,1)*

Die Witwen waren damals auf die soziale Hilfe anderer angewiesen. Sie fielen heraus aus der Versorgung durch ihren Mann. Und wegen ihres Christusglaubens auch aus der Versorgung durch die jüdische Gemeinde. Es sind die „fremden Witwen", die Armen, die durch alle Raster fallen, an denen sich die Praxis gelebten Glaubens entscheidet. Doch: Wie kann das eigentlich sein, dass man in der ersten Gemeinde einige einfach so übersieht? Bei so viel Herz und Seele? „Oh, hoppla, ein Versehen? Eine kleine Vergesslichkeit? Es wurden ja schließlich immer mehr?" Seltsam. Es hieß doch: „*Hier ist nicht Jude noch Grieche, hier ist nicht Sklave noch Freier, hier ist nicht Mann und Frau.*" (Gal 3,28) Sie waren doch auch Christinnen. Wie die anderen. Und auch Jüdinnen. Nur kamen sie wohl nicht aus Palästina. Und sie sprachen wohl nicht Hebräisch, sondern Griechisch. Und sie hatten in Jerusalem keine besonderen Netzwerke in der Großfamilie. Doch auch dies alles erklärt noch nicht, warum gerade sie bei der Versorgung nichts abbekamen.[8]

Der eigentliche Grund ist wohl ein anderer. Einer, der von Lukas kaschiert wird, weil er nicht recht hineinpasst in das harmonisierte Bild des Anfangs. Es gab – wahrscheinlich – schon am Anfang nicht nur eine, sondern mehrere Gemeinden. Es gab eine eigene Gemeinde griechisch sprechender Judenchristen. Eine Gemeinde mit einer anderen theologischen Haltung zu Beschneidung und Gesetz. Und mit einer eigenen Leitungsstruktur: den sieben Männer, die Lukas dann als Armenpfleger bezeichnet und den Zwölfen unterstellt. Aber sie treten im Folgenden mehr als Prediger auf. Und nur sie fallen offensichtlich unter die Verfolgung und müssen aus Jerusalem fliehen. Damit bekommt die Sache mit der Nächstenliebe einen besonderen Dreh.

Auch für die Frage, wie wir mit den „fremden Witwen" unserer Zeit umgehen. Mit den alten Menschen, die eine andere Sprache sprechen und aus einem anderen Land kommen. Die hier keine besonderen familiären Netzwerke haben. Die zu einer anderen Gemeinde gehören, aber eben auch Christen sind. Und wie gehen wir um mit den „fremden Witwen" von Menschen aus anderen Religionen?

Fünf unfertige Thesen

1. Im Glauben geht es nicht darum, wie wir mit unseren Nächsten umgehen, sondern darum dem Anderen ein Nächster zu werden.

Es geht im Glauben um einen Prozess, der uns selbst verändert. Gott kommt uns in Jesus Christus unbedingt nah. Das führt uns dazu, dem bzw. der Anderen nahe zu kommen, ein Nächster zu werden.

2. Es ist gefährlich, wenn die Sorge um das Essen und die Sorge um die Seele voneinander getrennt werden.

Ich glaube, dass es in der Geschichte der Kirche allzu oft eine aseptisch blutarme Theologie gab und gibt, in der die Sorge um das Brot keine Rolle spielt. Und ich glaube, dass es unserem diakonischen Engagement nicht guttut, wenn es sich nicht selbst aus einem geistlichen Leben speist.

3. Die Liebe zum Nächsten zeigt sich am Umgang mit den „fremden Witwen" – und im Umgang mit den „eigenen".

Beides ist eine Herausforderung eigener Art. Manchmal fällt es fast leichter, die zu lieben, die einem nicht so nahe sind. Andersherum fallen die fremden Witwen leichter durchs Raster.

Wichtig ist, dass beide, die fremden und die nahen Witwen, Menschen mit Rechten sind – und nicht Objekte, die auf Erbarmen angewiesen sein müssen.

4. Die Liebe braucht Ordnungen, um verlässlich zu sein und sich nicht zu erschöpfen. Und sie ist ein Störenfried von Ordnungen, wenn diese nicht dem Menschen dienen.

Ein Problem der Nächstenliebe ist ja, dass auf einmal das Leid der ganzen Welt schon morgens früh neben dem Brötchenteller liegt – und mir allzu nahe rückt. Wenn man alle 7,5 Milliarden lieben soll, wird man entweder wahnsinnig oder lässt die Sache sein. Deshalb sind Ordnungen gut und notwendig, um sich zu konzentrieren, um verlässlich zu sein, um Liebe konkret leben zu können. Aber die Liebe ist zugleich auch immer ein Störenfried unserer Ordnungen und lässt sich in ihrem Anspruch nicht begrenzen – nicht national, ethisch, politisch, konfessionell oder weltanschaulich.

5. Lieben heißt, sich in den eigenen Lebenskreisen immer wieder von Gott und dem Mitmenschen in nutzloser Weise stören zu lassen.

Die Herausforderungen der Liebe kommen meist unangemeldet. Sie stehen nicht im Kalender oder auf der To-do-Liste. Und sie werden, aller frommen Haltung zum Trotz, leicht übersehen. Wie bei den fremden Witwen. Und vor allem rechnet sich die Liebe nicht. Doch gerade in ihrer ökonomischen Nutzlosigkeit ist sie wichtig, lebenswichtig. Deswegen braucht es Zeiten für konstruktive Liebesirritation. Wie etwa das Hören auf die alten Geschichten von den Irrungen und Wirrungen in der Liebespraxis der ersten Christen.

4. Von der geistlichen Kunst des Radfahrens

Ich weiß nicht, ob Sie auch zu jenen ca. 60 Millionen Einwohnern von Deutschland gehören, die in diesem Jahr Fahrrad gefahren sind. Ob Sie nun alltäglich – mit der klassischen Klammer ums Hosenbein – zum Bäcker, Kindergarten oder zur Arbeit fahren. Ob Sie am Wochenende langsam die Flussauen entlang radeln und sich an Gottes schöner Schöpfung freuen – „Schau an ein Pfauenauge! Wie nett, wie nett." Oder ob Sie auf dem Rennrad (mit oder ohne E-Antrieb) im Taunus, Vogelsberg oder Odenwald eine Bergwertung absolvieren: Fahrradfahren hat eine ganz eigene Faszination. Fahrradfahren ist immer mehr als bloße Fortbewegung von A nach B. Fahrradfahren ist ein Stück Lebenskunst. Es gehört mit Laufen und Schwimmen, Lesen und Schreiben zu den grundlegenden kulturellen Techniken, die ein Mensch in der neuzeitlichen Zivilisation erlernt.

Vielleicht erinnern Sie sich noch daran, wie Sie es selber als Kind gelernt haben oder wie Sie es als Eltern oder Großeltern Ihren Kindern oder Enkeln beigebracht haben. Ich zumindest kann mich noch gut an den erhebenden Moment vor rund 40 Jahren erinnern, als ich zum ersten Mal ganz alleine und ohne

Stützräder gefahren bin. Ein Gefühl von Leichtigkeit, Stolz, Freiheit, Glück stellte sich damals bei mir ein. Ich spürte irgendwie in mir die kindliche Gewissheit: „Wenn du sogar das schon kannst, dann wirst du den Rest im Leben auch noch schaffen."

Später bekam ich dann von meinen Großeltern mein erstes eigenes Fahrrad geschenkt. Ein neues Herren-Rad – schließlich war ich ja ein Junge – 26 Zoll, grasgrün, von Goericke. Ich war stolz wie Oskar. Von nun an stand mir die Welt offen. Wenn man mich damals im Rausch der rollenden Räder gefragt hätte, ob ich lieber fliegen oder Fahrrad fahren wollte, meine Antwort wäre klar gewesen. Nun, meine anfängliche Euphorie und kindlichen Allmachtsphantasien legten sich mit den Jahren dann etwas. Auch mit meinem grünen Goericke war die Welt doch nicht so leicht zu erobern, wie ich es zunächst dachte. Die Faszination des Fahrradfahrens aber blieb. Im Fahrradfahren spiegelt sich für mich viel von dem wider, worum es im Leben geht.

Fahrradfahren als ein Stück Lebenskunst – und als ein Bild für den christlichen Glauben.

Da ist zunächst die Sache mit dem Gleichgewicht. Das Seltsame am Fahrradfahren wie am Leben ist, dass wir nur deshalb unser Gleichgewicht halten können, weil wir ständig Schlangenlinien fahren. Erst durch die Schlenker nach links und rechts entstehen die Fliehkräfte, die das Rad aufrecht halten. Würde man den Lenker völlig grade halten, würde das Rad ganz schnell umfallen. Das Geheimnis des Fahrradfahrens liegt darin, aufzuhören, geradeaus fahren zu wollen, die Fahrschlenker als notwendig anzunehmen und aus ihnen die Kraft für die Fahrt zu gewinnen.

Da ist dann zudem die Schwierigkeit des runden Tritts. Obwohl die meisten Menschen in unserem Land Rad fahren können, beherrschen nur wenige – ich selbst übrigens auch nicht – die saubere Technik des runden Tritts. Die Kurbel ist dabei so zu bewegen, dass sie ganz rund und gleichmäßig und glatt und in einem durch läuft und nicht im ständigen Trittwechsel von Links – Rechts, Links – Rechts. Die Schwierigkeit des runden Tritts liegt darin, Kraftgeben und Kraftnehmen, Pressen und Loslassen in Einklang zu bringen.

Da ist schließlich der Gegenwind – der unsichtbare Feind des Radfahrers. Der Wind kommt in der Regel immer aus der falschen Richtung. Fahrradfahren hat so bei aller spielerischen Leichtigkeit auch stets etwas von einem Kampf. Und je schneller man fährt, desto heftiger wird es. Das einzige, was gegen den Wind hilft, ist, gemeinsam zu fahren, sich im Windschatten abzuwechseln. Bei der Tour de France kann man das jedes Jahr wieder schön sehen. Wenn eine Gruppe von Ausreißern sich vom Hauptfeld absetzen will, müssen die Fahrer gut zusammenarbeiten, sich in der harten Arbeit vorne im Wind abwechseln und im sogenannten „belgischen Kreisel" fahren. Nur als Team haben sie eine Chance im Kampf gegen den Wind.

Fahrradfahren als ein Stück Lebenskunst, als ein Bild für den christlichen Glauben.

- Die Schlenker im eigenen Leben annehmen und aus ihnen die Kraft für die Fahrt gewinnen,
- Kraftgeben und -nehmen, Pressen und Loslassen in Einklang bringen,

- im Team gemeinsam den Kampf gegen den Wind aufnehmen.

Darum geht es beim Fahrradfahren wie im Leben und Glauben.

Zum Schluss ein Text zum Thema Radfahren aus der Bibel.

In der Zeit der Bibel kannte man zwar noch keine Fahrräder. Aber die Menschen kannten auch damals schon die Lebens- und Glaubenserfahrungen, die wir heute beim Fahrradfahren machen.

Daher hier ein Abschnitt aus dem dritten Kapitel des Buches Prediger in einer etwas freien Übersetzung:

Alles hat seine Zeit

Alles hat seine Zeit,
und jede Tour unter dem Himmel hat ihre Stunde:
Fahrradfahren hat seine Zeit,
aufhören zu fahren hat seine Zeit;
losfahren hat seine Zeit, ankommen hat seine Zeit;
stürzen hat seine Zeit, wieder aufstehen hat seine Zeit;
Berge rauffahren hat seine Zeit,
Berge runterfahren hat seine Zeit;
sich über Siege freuen hat seine Zeit,
über Niederlagen klagen hat seine Zeit;
dass Schläuche platzen, hat seine Zeit,
Schläuche flicken hat seine Zeit;

in der Gruppe fahren hat seine Zeit, alleine fahren hat
seine Zeit;
Tempo machen hat seine Zeit,
rollen lassen hat seine Zeit;
Abspringen der Kette hat seine Zeit,
Aufziehen der Kette hat seine Zeit;
schwitzen hat seine Zeit, sich ausruhen hat seine Zeit;
bremsen hat seine Zeit,
einen Gang hoch schalten hat seine Zeit,
sich über Autofahrer/innen ärgern hat seine Zeit,
andere Radler/innen freundlich grüßen hat seine Zeit.
Man mühe sich ab, wie man will,
so wird man daran nichts ändern können.

Ich sah die Lebenstouren, die Gott den Menschen gab,
dass sie sie mit ihren Rädern abfahren und sich damit
plagen.
Gott hat alles schön gemacht zu seiner Zeit,
auch hat er die Ewigkeit in ihr Herz gelegt;
nur dass der Mensch nicht ergründen kann die Lebens-
tour, die Gott festlegt, weder Anfang noch Ziel.

Da merkte ich, dass es nichts Besseres dabei gibt,
als fröhlich sein und es sich und seinen Mitfahrer/innen
gut gehen lassen bei seiner Lebenstour.
Denn ein Mensch, der da isst und trinkt und hat guten
Mut bei all den Mühen des Radfahrens,
das ist eine Gabe Gottes.
So geh hin und iss dein Brot mit Freuden
und trink deinen Wein mit gutem Mut.

Lass dein Trikot immer weiß sein
und lass deinem Körper der Pflege niemals mangeln.
Genieße deine Lebensfahrt mit dem Mann oder der
Frau, die du liebhast.
Denn das ist dein Teil am Leben und bei deiner Mühe,
mit der du dich mühst unter der Sonne.

5. Von Einsam-, Zweisam- und Allsamkeit

Die erste Sache, die Gott am Anfang der Bibel im Blick auf den Menschen feststellt – gleich nach der schöpferischen Prädikatsnote „Und siehe, es war sehr gut" – lautet: *„Es ist nicht gut, dass der Mensch allein sei* (oder genauer: einsam)" (1.Mose 2,18). Das stimmt. Eine tiefe existentielle Grundwahrheit: Einsamkeit ist Mist. Als negativ empfundene soziale Isolation unterscheidet sie sich von anderen, mitunter durchaus gewollten Formen des Alleinseins. Etwa aus kreativen oder asketischen Gründen. Alleinsein kann wertvoll und bereichernd sein, wenn man *„für sich selbst ein heilsamer Umgang ist"* (M. von Ebner-Eschenbach)[9]. Einsamkeit dagegen macht krank. Mutter Theresa bezeichnet sie als die schlimmste Armut.

Nicht von ungefähr wurde in Großbritannien im Jahr 2018 ein „Ministry of Loneliness" eingerichtet.[10] Jeder siebte Einwohner fühle sich dort regelmäßig einsam, quer durch alle Altersstufen. 200.000 alte Menschen hätten seit einem Monat kein Gespräch mehr mit einem Freund oder Verwandten gehabt. Aber auch junge, arbeitende Menschen leiden unter dem Gefühl, abgesondert, isoliert, allein zu sein, oft mitten unter anderen Menschen. In individualisierten Gesellschaften anderer Länder findet sich ähnliches. Eine Studie des Roten Kreuzes spricht von einer „Epidemie im Verborgenen". Einsamkeit schade der Gesundheit mehr als 15 Zigaretten am Tag – ein eindrücklicher Vergleich, auch wenn ich nicht weiß, wie sich Pest mit Cholera vergleichen lässt. *„Es ist nicht gut, dass der Mensch allein – einsam – sei."*

Die Frage ist nur, ob die Lösung mit der Zweisamkeit immer so viel besser ist. Es gibt ein Leiden, mit sich selbst alleine zu sein. Und es gibt ein Leiden, mit einem anderen Menschen zusammen zu sein. Wenn etwa Zusammensein die Einsamkeit nicht vertreibt, sondern vertieft. Die gegenwärtige Scheidungsquote von über einem Drittel aller Ehen spricht hier eine eigene Sprache. Noch mehr die unbekannte Zahl unglücklicher Paare, die sich niemals trennten, es aber vielleicht hätten tun sollen.

Nicht Zweisamkeit löst die Einsamkeit, sondern Liebe. Die französische Schriftstellerin Yasmina Reza beschreibt in ihrem Roman „Glücklich die Glücklichen"[11] in kunstvoll verwobenen Episoden die Einsamkeit von Menschen mit und ohne Partner/in. Von Paaren, die sich heillos beim Einkaufen an der Käsetheke zerstreiten oder die sich den abgründigen Liebessatz zuraunen „Heute Abend essen wir was Schönes, mein Herz", um die Zweisamkeit zu ertragen. Menschen, die sich mehr oder weniger verzweifelt an den anderen hängen, um mit der eigenen Einsamkeit klarzukommen. Und die sich gerade darin überfordern. *„Glücklich die Geliebten und die Liebenden und die auf die Liebe verzichten können. Glücklich die Glücklichen."* Die von Reza eingangs zitierten, titelgebenden Zeilen von Jorge Luis Borges drücken diese Paradoxie in besonderer Weise aus. Zur Liebe gehört beides: das Vertrauen, sich einander gegenseitig wirklich hinzugeben, und die Freiheit, dennoch nicht voneinander abhängig zu sein. Aus Liebe auf Liebe verzichten können – „Glücklich die Glücklichen". Ich glaube, dass darin ein Geheimnis unserer endlichen, begrenzten Liebe zueinander liegt. Wir werden in der Liebe einander nur gerecht, wenn wir uns mit unserem Wunsch zu lieben und geliebt zu werden nicht uns selbst oder unsere Partnerin überfordern. Es braucht gleichsam ein Drittes, eine unbedingte Liebe jenseits unserer Möglichkeiten, die uns freimacht, den anderen zu lieben und zu lassen. Die letzte Einsamkeit überwinden wir nicht selbst, auch nicht in Zweisamkeit. Sie endet, wenn wir uns selbst als bestimmt von einer letzten, unbedingten, umfassenden Liebe erfahren. Religiös gesprochen, wenn sich uns die „Allsamkeit" der Liebe Gottes erschließt. Dass ich und du und alles, was war, ist und sein wird, aus dieser Liebe entstanden ist, in ihr ruht und einmal wieder in ihr sein Ziel finden wird.

Die Liebe zwischen Menschen besteht darin, dass „*sich zwei Einsame beschützen und berühren und miteinander reden*"[12]. Und die Liebe Gottes darin, dass ich mich selbst als Teil einer allumfassenden Liebeswirklichkeit erfahre und lerne, liebevoll mit meiner eigenen Einsamkeit und der aller anderen umzugehen.

Unfromme Traufragen an verliebte Paare

- *Könnt ihr ehrlich und offen miteinander streiten, ohne einander zu verletzen?*
- *Was bedeutet für euch Ordnung, im Bad, in der Küche, im Keller?*

- *Wie wichtig ist euch Sex und wisst ihr, was sich die/der andere wünscht?*
- *Wollt ihr Kinder haben und was soll einmal von euch bleiben?*
- *Wie steht ihr zum Thema Geld, Haus, Auto?*
- *Welche Stellung hat für euch Gott und Glaube?*
- *Worauf kommt es für euch im Leben an?*
- *Wie geht ihr mit Einsamkeit um, eurer eigenen und der des anderen?*
- *Was ist euer Bild davon, alt zu werden?*
- *Und könnt ihr es aushalten, einander nicht alles zu sein?*

Zauberhafte Liebes-Nüchternheit

Dass Du mich
und ich Dich
und wir einander
lieben,
ist ein Wunder.
Eine Gabe.
Ein Geschenk.
An dem wir jeden Tag neu
ordentlich zu schaffen
haben.

6. WELCHES STÜCK?

Neulich nachts im Traum: Plötzlich stehe ich mitten auf einer Bühne. Links von mir sinkt ein junger Prinz zu Boden – auf dem Kopf eine riesige Goldkrone – und verzweifelt am Sinn des Lebens: *„Ob's edler im Gemüt, die Pfeil' und Schleudern des wütenden Geschicks erdulden …"*

Auf der anderen Seite ein innig sich umarmendes Liebespaar, das gerade intensiv über irgendwelche ornithologische Fachfragen streitet: Nachtigall oder Lerche. Plötzlich – wusch – wird sie von einem Pfeil angeschossen. Ein alter Mann in Alpentracht tritt auf die Bühne und schießt mit seiner Armbrust wahllos um sich. Der zweite Pfeil zischt knapp an meinem Ohr vorbei. Als ich ausweiche, stolpere ich über zwei Landstreicher, die sich gelangweilt miteinander unterhalten: *„Komm, wir gehen!" „Wir können nicht." „Warum nicht?" „Wir warten." „Ach ja."* Hilfesuchend blicke ich zur Souffleuse. Es ist meine alte Deutschlehrerin. Sie sitzt in ihrer Muschel und blättert in der Gala. Der alte Mann mit der Armbrust schaut mich an. Er sieht, zielt und schießt.

Ich wache auf. Die Bühne ist weg. Mein Bett ist da. Die Frage bleibt: Welches Stück spielen wir eigentlich?

„Denn wir sind ein Schauspiel geworden der Welt und den Engeln und den Menschen. Wir sind Narren um Christi willen." (1.Kor 4,9–10) Wow! Was für ein Bild: unser Leben als Schauspiel, dem die Menschen und die Engel und die ganze Welt zuschauen. Ein Gedanke, der mich auch tagsüber manchmal beschleicht: dass sich mein Leben erst wirklich erschließt, wenn ich es als Teil einer größeren Inszenierung begreife. Nur, dass leider keiner der Beteiligten das Drehbuch kennt.

Sechs wirre dramaturgische Gedanken – und eine Geschichte:

1. *„Es gibt mehr als das, was es gibt."*

Mein Leben passt in keine Karokästchen. Es lässt sich nicht in die Flachware von Kalendern, Fotos oder Facebook-Profilen pressen – auch wenn ich es immer wieder versuche. Glaube ist die Erfahrung, dass mein Leben auf einmal eine neue Perspektive gewinnt, sich eine andere Dimension auftut – wie die vierte Wand im Theater: Wenn meine Welt zur Bühne wird, meine Zeit zur Ewigkeit, mein Leben zur Liebe. Der Zaubermoment, in dem ein Punkt auf meiner Lebenslinie sich als „tanzender Stern" entfaltet.

2. *„Was ich tue, spielt eine Rolle."*

Wichtig ist letztlich nicht, was ich bin oder welche Rolle ich spiele: ob Kaiser oder Küster, Baron oder Bettler, Präsident oder Pförtner. Wichtig ist, dass ich spiele, dass ich mich spiele. Und dass das, was ich tue, gesehen wird und von Bedeutung ist – bis in alle Ewigkeit. Es ist Teil des einen großen Films, der einen ewigen Erinnerung.

3. „Unter dem Blickwinkel der Ewigkeit sieht vieles anders aus. "

In meinem täglichen Sorgen, Planen, Schaffen fahre ich auf mittlere Sichtweite, denke ich in Wochen, Monaten, Jahren. In der Perspektive der Ewigkeit dagegen wird der Augen-Blick unendlich wichtig. Dieser konkrete Moment meiner Begegnung mit dem anderen. Ewigkeit und Augen-Blick sind die beiden Zeiteinheiten der Liebe. Alles andere ist bloße Chronologie.

4. „Es braucht den Mut, sich geistlich zum Narren zu machen. "

Wenn wir zu Ebenbildern Gottes berufen sind, kann mein Leben nach weltlichem Ermessen nicht sinnvoll sein. Wir sollen so leben, dass es ohne Gott als Geheimnis der Welt keinen Sinn ergibt. „Tut um Gottes willen etwas Tapferes" (Zwingli)[13], etwas Verrücktes, etwas Queres. Die Kunst zu leben und zu lieben besteht darin, frei, leidenschaftlich, liebevoll für andere zu spielen, ohne auf die anderen zu schielen. Ansonsten ist man wie ein tanzender Tausendfüßler, der anfängt auf seine Füße zu schauen.

5. „Das Stück ist offen, aber der Ausgang gewiss. "

Im Buch des Predigers finde ich das wunderschön beschrieben: Gott hat alles weise geordnet. Auch hat er die Ewigkeit in unser Herz gelegt. Nur, dass wir als Menschen nicht ergründen können das Werk, das Gott tut. Zu den großen Geheimnissen Gottes gehört es, dass er sich freiwillig selbst zurücknimmt. Er macht für uns die Bühne frei. Das Stück ist offen, aber der Ausgang ist gewiss. Und es ist auch an uns, dass wir es für einander möglichst nicht zur Tragödie, Farce oder zum absurden Theater werden lassen.

6. Und wie heißt das Stück? Mein Vorschlag: „Liebe, Leid und Zeit und Ewigkeit"

Drunter geht es nicht. Um die Liebe zu dieser ganzen wunderbaren Welt und jedem einzelnen Geschöpf auf ihr. Um das Leiden, dass die Welt, das Leben, ich selbst nicht so sind, wie sie sein sollten. Um die Zeit, die tickt, zerrinnt, läuft, fließt und nicht zu halten ist.

Und um die Gewissheit der großen Ewigkeit Gottes, in der am Ende Gott einmal alles in allem sein wird.

„Denn wir sind ein Schauspiel geworden der Welt und den Engeln und den Menschen. Wir sind Narren um Christi willen."

Zum Schluss eine jüdische Geschichte, die mir meine Schwester so ähnlich einmal erzählt hat. Der Lebenstraum des frommen Schuhmachers Jakob:

Eines Morgens – man sagt, es war ein Dienstag – wachte der fromme Schuhmacher Jakob auf und lachte. Lachte so laut, dass seine Frau Elisabeth neben ihm wach wurde und ihn heftig anfuhr:

- „Jakob, was lachste so ungescheit?"

- „Ich hatte einen Traum."

- „Ja, und? Was haste geträumt."

- „Mir träumte, dass ich in den Himmel kam, in einen riesigen Königssaal mit tausenden und abertausenden von Menschen. Und vorne im Saal saß Gott auf einem leuchtenden Thron aus Licht. Und als ich ganz hinten durch eine kleine Seitentür in den Saal kam, da sprach Gott von seinem Thron: ,Seht, da kommt der treue und gute Schuhmacher Jakob, der stets gelebt hat, wie es Gott gefällt: ein treuer, liebevoller Ehemann, ein fleißiger, hilfsbereiter Arbeiter,

ein guter Freund allen Menschen. Komm und setzt dich an meinen Tisch.' Und alle tausenden und abertausenden Menschen schauten mich an.“

- „Na und? Was haste gemacht?“

- „Ich trat vor und schlug die Augen nieder und sagte: ‚Ach, Herr, es stimmt ja, dass ich meiner Frau nie untreu war. Aber eigentlich nur, weil ich mich nicht getraut hab und sowieso nicht so gut aussah. Und dass ich so fleißig war, nu ja: ich hatte Angst vor der Armut und da waren die Schulden auf dem Haus. Und meine Freundlichkeit, die war oft einfach nur Schutz. Ich mag mich halt nicht streiten und hatte Sorge, dass die Leute schlecht von mir reden.' Und als ich aufblickte, da sah ich, wie Gott lachte, laut lachte mit einem warmen strahlenden Lächeln auf dem Gesicht.“

- „Sag mal, Jakob. Bist du närrisch? Niemand darf Gott von Angesicht schauen. Auch nicht im Traum. Das ist Sünde.“

Jakob überlegte kurz. Dann sagte er: „Ja. Das stimmt. Endlich eine richtig schöne, große Sünde.“ Und er lachte und lachte und konnte gar nicht mehr aufhören.

7. STIRNRUNZELN
Kleine geistliche Anleitung zum Selberfalten

Römische Porträts aus dem 2. und 1. Jahrhundert v. Chr. zeigen die dargestellten Personen oft mit zerfurchtem, faltigem, runzeligem Gesicht. Dieser „veristische" Stil, so beschreibt es die britische Althistorikerin Mary Beard in ihrem lesenswerten Buch „SPQR", spiegele das Idealbild der Zeit, wie ein wahrer Römer zu sein hatte: hart, nüchtern, gezeichnet von der Arbeit, dem Kampf und den Sorgen um den Staat. Die vermeintlich realitätsnahen Darstellungen seien tatsächlich ein idealisierender Gegenentwurf zu den verweichlichten, kunstsinnigen Griechen mit ihren Skulpturen voll jugendlicher Vollkommenheit.[14] Das erinnert an manche Porträts und Fotos des 19. und frühen 20. Jahrhunderts (etwa American Gothic, 1930, von Grant Wood): Lächeln war verpönt. Die hohe Kunst der Freudlosigkeit. Richtig lebte, wer ordentlich litt. Irgendetwas auf der Welt stimmt nie, da gibt es nichts zu schmunzeln. Stirnrunzeln als Ausdruck tiefen Lebensernstes.

Ganz anders dagegen die Selbstinszenierung unserer Tage. Sie ist geprägt von glatter Haut und ewigem Lächeln. Was Anti-Aging-Cremes und Botox nicht schaffen, erledigt Instagram.

Es wird gephotoshopped, was das Programm hergibt. Doch was ist das eigentlich für eine „Glatte-Stirn-Idiotie"? Was soll an einem dauerhaft faltenlosen Gesicht attraktiv sein, das vom Leben nichts erfahren noch verstanden hat, das keine Spuren von Lachen, Denken, Sorgen in sich trägt? Eine Physiognomie ewiger Ahnungslosigkeit. Spiegelbild einer Gesellschaft, die mit dem eigenen Altern nichts anzufangen weiß. So wenig ich Gries-Gram-Gesichter leiden kann, so sehr schrecken mich fünfzigjährige Baby-Faces. Ohne körperliche Verfalls- und Alterungsprozesse zu idealisieren, gibt es eine ganz eigene Schönheit des Alterns, wenn sich in der Erscheinung eines Menschen tiefe Lebenserfahrung und Menschenfreundlichkeit eingezeichnet haben. Die Inkarnation eines gelebten Lebens.

Nun gibt es auch bei den Falten „sone und solche". Ich liebe es etwa, wenn bei einem Menschen die Grübchen um den Mund in die Lachfalten um die Augen übergehen. Ein Netzwerk von Humor und Humanität. Weniger leiden kann ich dagegen, vor allem bei mir selbst, die „krause Glucke", diese Sorgenfurche zwischen den Augenbrauen, wenn etwas nicht stimmt. Sie verleiht so einen grimmig-unästhetischen Gesichtsausdruck. Noch schlimmer ist es, wenn die Gesichtszüge eines Menschen vom Hass geprägt werden. Manche Demonstrationen „besorgter Bürger/innen" erschrecken mich, auch ohne Text oder Ton, einfach schon auf Grund der krampfhaft verzerrten Mimik der Beteiligten. *„O Redner! Dein Gesicht zieht jämmerliche Falten, indem dein Maul erbärmlich spricht. Eh' du mir sollst die Leichenrede halten, wahrhaftig, lieber sterb' ich nicht!"* (Lessing)[15] Mein Gesicht spiegelt, was ich erfahre und wie ich mit dem, was ich erfahre, umgehe.

Im Glauben geht es auch darum, das Gesicht in die rechten Falten zu legen; darum, wie ich mit dem, was mir begegnet, umgehe. Mein Glaube schützt mich nicht davor, dass ich Leid erfahre, Angst habe, Wut spüre, mir Sorgen mache. Aber er hilft mir, dass ich mich nicht davon bestimmen lasse. Es verändert merklich meine Gesichtsmuskeln, wenn ich mein Leben und das meiner Mitmenschen aus der Perspektive der allumfassenden Liebe Gottes wahrnehme. Das meint beten. Gott danken für das, was mir geschenkt ist; Gott klagen, was mir Angst und Sorgen bereitet, Gott bitten für andere, die meine Hilfe ebenso brauchen wie ich. Mich selbst und meine Gefühle ernst nehmen, aber mich nicht durch sie beherrschen lassen. Das hilft, meine Falten und Runzeln in die richtige Richtung zu lenken. Die Fähigkeit, über sich selbst, die anderen, das Leben schmunzeln zu können, ist dafür ein guter Maßstab. Ebenso wie die Fähigkeit, aus Liebe am Leben anderer Anteil zu nehmen. Es macht beides gerade im Alter nicht nur weiser, sondern einfach auch schöner.

Im Spiegel deines Gesichts

Im Spiegel deines Gesichts
möchte ich lesen
von den Tiefen und Höhen
die wir gemeinsam erlebten
von den Sorgen und Ängsten
die wir gemeinsam teilten
von dem Glück und der Schönheit
die wir gemeinsam erfuhren
und davon wie am Ende
dein Lächeln immer wieder siegt.

8. Die ersten sieben Tage
oder: Wie es nach dem Welt-Untergang weitergeht

„Am Anfang schuf Gott Himmel und Erde". (1.Mose 1,1) Dies ist der erste Satz der Bibel. Und es ist zugleich einer der umstrittensten. Seit der Aufklärung, speziell seit den Forschungen von Entwicklungsbiologen wie Jean-Baptiste de Lamarck oder Charles Darwin bis hinein in die Gegenwart gibt es einen heftigen Streit um Schöpfung und Evolution. Die einen meinen, Gott aus naturwissenschaftlichen Gründen bestreiten zu müssen. Andere wiederum sehen sich berufen, den christlichen Glauben und die Schöpfungsgeschichte zu verteidigen, indem sie Erkenntnisse der Evolutionsforschung bestreiten.

Bei solchen extremen, aber leider nicht seltenen Positionen hat man den Eindruck: Hier kämpft Unverstand mit Ignoranz. Nein, der Glaube wird nicht tiefer, wahrer oder reiner, wenn man aufhört, zu forschen oder zu denken. Und wenn wissenschaftliche Erkenntnisse (bei aller bleibenden Irrtumsmöglichkeit) dem Gottes-Glauben Probleme bereiten, liegt das wohl eher nicht an Gott, sondern am Glauben. Umgekehrt ist es kein Zeichen besonderen Text-Verständnisses, wenn man meint, „die Bibel zu widerlegen", weil in ihr keine Dinosaurier vorkommen.

Oder weil die Schöpfungsgeschichte nicht die Ergebnisse neuzeitlicher Forschung zur Erdgeschichte enthält. Im Bilde gesprochen: Dies ist ungefähr so sinnvoll, wie wenn man sagt, das Porträt der Mona Lisa sei falsch, weil es nicht als Passfoto tauge. Oder wenn man Goethes Liebesgedicht „Willkommen und Abschied" kardiologisch interpretieren wollte. Man muss die Gattung beachten, um den Text zu verstehen.

Am Anfang der Bibel geht es um das Ende. Die Geschichte stammt aus einer Zeit, als alles verloren war: Land, Tempel, Königreich – der Glaube an die eigene Erwählung. Die Schöpfungsgeschichte ist eine „Post-Dystopie", eine Geschichte aus den Tagen nach dem Untergang der Welt. Als die Israeliten fern der Heimat am Euphrat im Exil saßen und vor Trauer ihre Harfen in die Weiden gehängt hatten. Eine Erfahrung, die Menschen auch heute aus Trauerzeiten kennen. In der Geschichte der „ersten sieben Tage" geht es um das Leben in den „letzten Tagen". Es geht um die große Frage, was trägt und hält, wenn alle anderen Stricke zerrissen sind. Ein Text für politische Krisenzeiten, der angesichts eines gegenwärtigen Zeitempfindens eine ganz neue Bedeutung gewinnt, in dem wir „die Welt" und uns selbst immer kurz vor dem Abgrund sehen: ökologisch, ökonomisch, politisch. Was machen wir eigentlich mit einer jüngeren Generation, wenn wir ihnen permanent vermitteln: „Es ist fünf vor zwölf?"

Mitten im emotionalen Chaos, in den Trümmern ihrer damaligen Welt setzten sich die Verfasser hin und erzählten vom Anfang der Welt. Von einer guten, heilsamen, befreienden Ordnung Gottes jenseits all dessen, was wir Menschen selber tun und machen. Und sie erzählten von den Grundeinsichten ihres Glaubens in einfachen Bildern und mit solch einer tröstenden Kraft, das Menschen zu späteren Zeiten hierin Halt gefunden haben.

Sieben kurze Impulse

1. *„Gott hält das Leben in seiner Hand."* Das ist die erste einfache Glaubensaussage in dieser Geschichte. Es existiert ein Gott vor allem, über allem und in allem, der es gut mit uns meint. Nicht wir haben die Welt in den Händen und auch kein anderer Mensch, sondern Gott. Und das ist gut so.

2. *„Gott hat die Chaosmächte eingedämmt."* Es gibt zerstörerische Kräfte, vor denen wir allen Grund haben, uns zu fürchten. Aber selbst die Urfluten haben eine Grenze. Licht und Dunkel sind von Gott geschaffen und ruhen in seiner Hand.

3. *„Es gibt eine bleibende gute Ordnung im Leben."* In der Geschichte ist dies vor allem der Wechsel von Tag und Nacht. Ein tiefer Lebensrhythmus, sieben Tage. Dies kann helfen, sich auf das eigene Tagewerk zu konzentrieren. Auf das, was ich konkret an dieser Stelle meines Lebens zum Wohle anderer tun kann, anstatt mich an der Rettung der Welt zu verheben. Und dann, am Ende jeden Tages, jeden Jahres, des eigenen Lebens loslassen und in Gottes Schöpfungslob einstimmen können: „Und siehe, es war sehr gut."

4. *„Die Schöpfung besitzt eine einmalige, wundervolle Schönheit."* Jedes Tier nach seiner Art: die Giraffe, der Klippdachs, die Walfische, die Mücke. Auch daran ist es gut, sich immer wieder

zu erinnern – gerade weil wir gegenwärtig erfolgreich daran mitwirken, genau diese Vielfalt zu zerstören.

5. *„Die Sieger-Mächte werden entzaubert.“* Damals waren es die Astralgötter der Babylonier, welche sich angesichts deren militärischer Erfolge als überzeugend, glänzend, faszinierend erwiesen hatten. Heute sind es die Sterne anderer imponierender Siegermächte von den vermeintlichen Herren der Welt. In der subversiven Erzählung hängt Gott diese Astralgottheiten wie Lampions an den Himmel, damit sie uns leuchten sollen: die Sonne am Tag, der Mond und die Sterne in der Nacht.

6. *„Als Menschen haben wir einen Auftrag zu schützen, zu bauen und zu bewahren.“* Gott hat uns als Menschen, als seinen Ebenbildern, den Auftrag gegeben, seine Schöpfung zu bewahren, nicht zu beherrschen. Wir sind hier und haben eine begrenzte Zeit, in der wir an diesem guten Willen Gottes für alle Lebewesen mitwirken können.

7. *„Am Ende von allem steht die Ruhe Gottes.“* Das Ruhen Gottes als Grund dafür, dass wir zu Ruhe kommen können. Am Ende des Tages, der Woche, des Lebens: die Hände schließen, die Brille zusammenfalten, ruhen können und den Rest getrost Gott überlassen

Ein Motto im Reformationsjahr 2017 war „Gott neu entdecken“.[16] Ich glaube, dass es inmitten einer daueraufgeregten Gegenwart und populistischer Angstmacher helfen kann, die Geschichte der ersten sieben Tage neu zu erzählen. *„Am Anfang schuf Gott Himmel und Erde.“*

Gott ist es, der Licht aus Finsternis schafft; der dem Nichtseienden ruft, dass es sei; der allein Herr ist über alle Chaosmächte und die vermeintlichen Herren der Geschichte; und der uns berufen hat, aus dieser Gewissheit frei und mutig für andere zu leben.

Sieben Tage

Gott,
ich bin Meister
im Entwerfen von Plänen.
Nur scheitere ich oft
am Heute.

Hilf mir in meiner
hyperaktiven Hektik.
Lass mich zur Ruhe kommen:
am Ende des Tages,
am Ende der Woche,
am Ende meiner Zeit.

Lass mich tun, was ich kann.
Und loslassen,
was deine Sache ist.
Auf dass auch ich am Abend sagen kann:
„Und siehe,
es ist und war und wird
sehr gut."

9. „FRÍ-DA! JÚU-HU! WHERE IS THE CAT?"
Von morgendlichen Suchfragen

Unsere englischsprachigen Nachbarn haben eine Katze. Frida. Benannt nach der berühmten Malerin, wegen ihrer besonderen, künstlerisch gefärbten Augenbrauen. Jeder Morgen beginnt, wie in einem festen Ritual, mit dem nachbarschaftlichen Suchruf nach der Katze: *„Frí-da! Júu-hu! Where is the cat?"* Und Frida kehrt – mal später, mal früher, in katzenhaft nonchalanter Eleganz nach nächtlichen Streifzügen durch die nachbarschaftlichen Gärten – zurück in die Wohnung. Eine Geheimnisträgerin verborgener Abenteuer, die sie auch bei intensivem Kraulen nicht preisgibt. Eine freie Heldin ihres eigenen Lebens.

„Frí-da! Júu-hu! Where is the cat?" In dem morgendlichen Suchruf klingt etwas an von einer der ersten Fragen in der Bibel überhaupt – der Frage, mit der die Geschichte Gottes mit dem Menschen überhaupt beginnt: *„Adam, wo bist du?"* (1.Mose 3,9) Der fürsorgliche Ruf des Schöpfers nach seinem Geschöpf. „Mensch, wo bist du?" (hebräisch ādām = Mensch). Auch als Menschen sind wir freie Helden unseres eigenen Lebens. Nur

sind wir anders als Frida gleich auf zweifache Weise nackt: körperlich und metaphysisch. Wir haben nicht nur kein Fell, sondern wir wissen auch darum, dass wir keines haben. Die nonchalante Eleganz müssen wir uns als Menschen erst durch Kleidung und Kultur wieder mühsam erwerben.

„Mensch, wo bist du?" Die Frage zielt in der Geschichte wie in ihrer vielfältigen späteren Rezeption auf mehr als eine lokale Ortsangabe. Es geht um den existentiellen Ort, an dem ich mich befinde, seit ich aus meiner schlafenden Unschuld herausgetreten bin. Meinen Ort im Leben. Meine Heimat, die ich niemals wirklich habe, sondern nur als Verlust spüre und immer wieder neu ersehne. Daher antwortet Adam, der Mensch, in der Geschichte auch nicht mit: „Hier hinten im Gebüsch hinter dem Apfelbaum", oder der Angabe seiner Kontaktadresse. Sondern er spricht von dem, was er wahrnimmt, was er fühlt, was er erkennt und was er tut: *„Ich hörte dich im Garten und fürchtete mich; denn ich bin nackt, darum versteckte ich mich."* (1.Mose 3,10) Der Mensch, nackt, furchtsam, zurückgeworfen auf sich selbst. Er hat den Garten Eden längst verlassen, ehe Gott ihn daraus verweist. Nur eine Geschichte bzw. eine Generation später und die Frage an den – inzwischen von Gott bekleideten – Menschen wird sich wandeln: *„Wo ist dein Bruder Abel?"* (1.Mose 4,9) Wenn ich selbst nach meinem Platz unter der Sonne suche, wird der andere leicht zur schattigen Konkurrenz. Der Verlust von Selbstgewissheit und Sozialität gehen Hand in Hand.

Ein älterer Pfarrer hat früher einmal zu mir gesagt, man solle am Tag eine Stunde vor Gott darüber nachdenken, wo man stehe, was man tue und was man lieber lassen solle. Das schütze vor viel Unsinn und unnötigem Leid. Eine Stunde am Tag sich im Angesicht der Liebe Gottes die Frage stellen: Wo bin ich? Wo ist meine Schwester, mein Bruder? Und wo will eigentlich hin? Das schützt auch vor habitualisierten Reiz-Reaktions-Mustern, mit denen ich auf jedes digitale Fiepen reagiere: Nur kurz aufs Handy schauen, Mails und Nachrichten checken, die Chronik runterscrollen. Stille-Vermeidungs-Strategien, um sich mit den eigentlichen Fragen der eigenen Existenz nicht auseinandersetzen zu müssen: *„Die meisten verarbeiten den größten Teil der Zeit, um zu leben, und das bisschen, das ihnen von Freiheit übrigbleibt, ängstigt sie so, dass sie alle Mittel aufsuchen, um es loszuwerden."* (Goethe)[17]. Die Alternative dazu: Stille einüben. Ein Schritt zur Seite. Cut, break, Innehalten: Where is the cat? Wo bin ich? Wo sind die anderen? Und wo will ich eigentlich hin? Um wirklich ein freier Held meines eigenen Lebens zu sein, ist es gut, mich vor kopfloser Selbstverzettelung zu schützen. Irgendeine „Nachricht" wartet immer irgendwo. Und „breaking news" sind in aller Regel eher Ausdruck einer medialen Inkontinenz: der mangelnden Fähigkeit einen Moment innezuhalten, um zwischen Dringlichem und Wichtigem zu unterscheiden. In der morgendlichen Suchfrage nach sich selbst und seinen Nächsten spiegelt sich etwas von der geistigen Haltung, welche antike Philosophen als „epoché" bezeichnet haben, als Zurückhaltung des eigenen Meinens und Urteilens. In der Tradition christlicher Frömmigkeit wird es als Stille Zeit oder Morgengebet eingeübt.

Sich am Morgen vor den anstehenden Aufgaben geistlich verorten. Vor Gott darüber nachdenken, wo ich bin, wo meine Geschwister sind und was ich tue. Im Akt des Betens erfahre ich mich auf paradoxe Weise aktiv und passiv zugleich. Ich bin höchst präsent und aktiv, indem ich gerade nichts tue, mich von allen anderen Einflüssen freimache und stattdessen von Gott her bestimmen lasse. Von Mutter Theresa gibt es die schöne Anekdote, dass sie auf die Frage eines Journalisten, wie sie zu Gott bete, antwortete: „Ich rede eigentlich weniger und höre mehr Gott zu." „Und", hakte der Journalist nach, „was sagt Gott dann zu ihnen?" „Er redet auch eigentlich weniger und hört mehr mir zu." Die Kunst, sich selbst zu verorten, indem man die Stille vor Gott aushält.

Fragenwechsel

Ich werde gefragt,
ständig gefragt:
- wie's mir geht,
- was ich möchte,
- was es Neues gibt.

Ich frage mich,
immer wieder:
- ob's das war,
- was noch kommt,
- was das soll.

Doch wenn es still wird,
bin ich selbst gefragt:
- Wo bist du?
- Wo ist dein Bruder?
- Was hast du getan und wirst du tun?

Wo bist du?

Das fragst du mich, Gott, allen Ernstes?
Wer hat mich denn gemacht?
Hier bin ich
vor Dir.

„Eine Blume auf dem Felde."
Wenn's hochkommt,
oft eher Distel.

„Nicht besser als meine Mütter oder Väter."
Versuche leidlich klar zu kommen
mit mir, den anderen, dem Leben.

„Weiß weder Anfang noch Ende."
Kenn nicht mal mein eigenes Herz.
Bin halt so da,
ohne recht zu wissen,
warum, wohin, wozu.
Bemüh mich,
das Beste draus zu machen.
Mit wechselndem Erfolg.

Hier vor Dir.
Doch wo bist du?

10. „VIELLEICHT."
Über Zweifel, Freiheit und Möglichkeit

Der iranisch-amerikanische Psychologe Albert Mehrabian machte 1967 Studien zu nonverbaler Kommunikation und untersuchte dabei die Bedeutung von Inhalt, Stimme und Körpersprache für das Verständnis bestimmter Wörter.[18] Als sogenannte „Kommunikationspyramide" haben seine Ergebnisse – oft grob vereinfacht – Eingang in die Präsentationen von Beratern gefunden: „7% Inhalt, 38% Stimme, 55% Körpersprache." Bezieht man diese Zahlenwerte auf jede Form von Kommunikation, ist das natürlich Nonsens. Man denke etwa an die Antwort auf die Aufgabe: „Wie viel ist 17 + 9?", im Mathematik-Unterricht. Aufschlussreich sind die Ergebnisse dagegen bei einem der von Mehrabian untersuchten Schlüsselwörter: „maybe". Erhält man auf die obligatorische Frage nach dem ersten Date – „Sehen wir uns nächste Woche?" – die Antwort „Vielleicht" hängt wirklich viel, wenn nicht alles, von Stimme, Mimik, Haltung des Gegenübers ab.[19]

„Vielleicht." Ein changierendes, kleines Wörtlein von herrlicher wie schrecklicher Unbestimmtheit. „Viel" und „leicht" – ein spannungsvoller Gegensatz in sich. Bei Befragungen mit verbalen Skalen rangiert sein Wahrscheinlichkeitswert irgendwo zwischen 40 und 60 %. In der Nähe von „eventuell", „möglicherweise", „unter Umständen", „gegebenenfalls".[20] Es steht, je nachdem, für Zweifel – Unsicherheit – Möglichkeit – Freiheit.

Im November 2014 lief der letzte Tatort mit dem Berliner Kommissar Felix Stark mit dem Titel „Vielleicht". In ihm sieht die norwegische Psychologie-Studentin Trude immer wieder Morde voraus, die dann tatsächlich geschehen. Die Polizei steht vor einem Rätsel. Eine der Polizistinnen ist kurz davor, den Dienst zu quittieren: „Mir ist das ganze hier zu spooky."

Es geht in dem Krimi um philosophische Fragen: ob das Schicksal vorherbestimmt ist oder sich etwas daran ändern lässt; welche Einflussmöglichkeit und Verantwortung diejenige hat, die das Schicksal vorhersieht; und ob es Platz für ein „Vielleicht" gibt. Am Ende, als der Kommissar selbst, wie vorhergesagt, schwer verletzt im Krankenhaus liegt, antwortet der Arzt auf die Frage, ob er es denn schafft, mit „Vielleicht". Dann ist Schluss.[21]

„Vielleicht". Ein kleines Wort von großer Unbestimmtheit. Das hebräische Wort dafür heißt „Ulai" und meint von seinen Wortelementen her eigentlich so etwas wie „oder nicht" oder „wenn wenn". Das gedoppelte „wenn wenn" taucht im Alten Testament auf als Ausdruck der Hoffnung und der demütigen Bitte einerseits, wie des Zweifels, der Furcht, der Unsicherheit andererseits. Es ist Ausdruck der Offenheit, der Zukunft und der existentiellen Ungewissheit.

Und es ist in diesem mehrfachen Sinn von großer theologischer Relevanz.

1. „Vielleicht" ist anti-deterministisch.

Um die Freiheit des Menschen und seines Willens steht es wissenschaftlich im Augenblick ja nicht besonders gut. Neurowissenschaften, Genetik und Big data weisen auf die Vorherbestimmtheit und Vorsehbarkeit des Menschen hin. Die Vorhersehung (lat. providentia) ist gleichsam von Gott zu Google, Genetik und Gehirnforschung gewandert. Das Wort „vielleicht" steht dem entgegen. Es steht für eine Sichtweise, in der das Schicksal nicht einfach festgelegt ist; in der Freiheit nicht als Illusion gilt. „Vielleicht ja doch." In dem kleinen Wort schlummert ein unbestimmter Raum für uns Menschen als einem „Wesen mit Möglichkeit".

2. „Vielleicht" ist skeptisch.

Es verträgt sich schlecht mit einem Denken in festen, starren Dogmen. Aufschlussreich ist hier ein Gedanke des Theologen Paul Tillich (der von 1929–1933 in Frankfurt lehrte). Er wandte das reformatorische Verständnis von der „Rechtfertigung des Sünders" auch auf den Bereich der Erkenntnis an. Und sprach von der „Rechtfertigung des Zweiflers".[22]

Auf der Suche nach der unbedingten Wahrheit sind alle vorläufigen Wahrheitsverständnisse immer wieder in Frage zu stellen. Der Zweifel wird so verstanden nicht zum Ausdruck eines defizitären, sondern des wahren Glaubens. Eben, weil durch den Zweifel die vorläufigen Erkenntnisse des Glaubens immer wieder neu von Gott als der Wahrheit selbst durchbrochen werden. „Vielleicht" steht so jeder Form eines religiösen Fundamentalismus entgegen, der – übergriffig wie alle Fundamentalismen – Gott besser zu kennen meint, als er sich selbst. „Ich werde sein, der ich sein werde." (2.Mose 3,14)

„Vielleicht" wird so zum Bekenntniswort eines wahrhaft zweifelnden Glaubens an den unverfügbaren, freien Gott der Liebe.

3. „Vielleicht" ist libertär.

Ein Platzhalter für die „Freiheit" in der Beziehung von Gott und Mensch. Die Freiheit ist elementar für den Glauben, wenn er recht verstanden wird – die Freiheit Gottes ebenso wie die Freiheit des Menschen.

Die Freiheit Gottes als das „große Vielleicht" (Francois Rabelais)[23], an den wir glauben, auf den wir hoffen, dessen wir gewiss sein dürfen, den wir aber eben niemals besitzen, sicher haben oder verfügbar machen können.

Und die Freiheit des Menschen als eines offenen Wesens, der eben nie ganz bestimmt werden kann, immer auch ein anderer ist, in dem immer auch ein verborgenes „Vielleicht" schlummert – weil er selbst in dieser unbedingten Freiheit Gottes gründet. Oder in Anlehnung an Mehrabian gesprochen: Auch im Glauben kommt es eben nicht nur auf den Inhalt, sondern wesentlich auch auf Stimme, Mimik und Gestik an, in denen sich einem die Freiheit des „Vielleicht" wahrhaft erschließt – auf die non-verbale Kommunikation Gottes.

Rainer Maria Rilke hat diesen Moment der Hoffnung, der Befreiung, der Möglichkeit in sprachlich eindrucksvoller Weise in seinem Gedicht „Vielleicht, daß ich durch schwere Berge gehe" beschrieben. Den Spalt des „Vielleichts", der sich im Fels des eigenen Zweifelns und im Dunkeln des Nicht-Glauben-Könnens auftun kann, in dem einem Menschen am Ende seine ganze Welt zu Stein wird.

Rainer Maria Rilke
Vielleicht, daß ich durch schwere Berge gehe[24]

Vielleicht, daß ich durch schwere Berge gehe
in harten Adern, wie ein Erz allein;
und bin so tief, daß ich kein Ende sehe
und keine Ferne: alles wurde Nähe,
und alle Nähe wurde Stein.

Ich bin ja noch kein Wissender im Wehe,
so macht mich dieses große Dunkel klein;
bist Du es aber:
mach dich schwer,
brich ein:
daß deine ganze Hand an mir geschehe
und ich an dir mit meinem ganzen Schrein.

Das „Vielleicht des Glaubens". Das meint etwas anderes als eine entscheidungsschwache Unentschiedenheit, wie sie etwa Vertreter/innen einer sogenannten „Generation maybe" nachgesagt wird, die bleibend im Möglichen schwebten, sich selbst als Lebenskünstler gerierten und im Nest der Eltern von der Sicherheit einer Beamten-Existenz träumten (ohne dass nach den Gründen solcher vermeintlichen oder tatsächlichen Haltung gefragt wird). Es meint vielmehr das Aushalten tiefer existentieller Freiheit, die einen vor Entscheidungen stellt. Den Mut zum Zweifeln – im Vertrauen darauf, dass Gott als die Wahrheit einmal offenbar werden wird. Und die Hoffnung auf eine andere, gerechte Welt wider allen Augenschein.

„Vielleicht."

Vielleicht

Vielleicht
bin ich einmal ein ganz anderer
dereinst und scherbenhaft
schon jetzt.

Vielleicht
bin ich einmal frei, einfach nur zu lieben
die Welt, die anderen
und mich.

Vielleicht
bin ich einmal zuhause, geborgen
mit meinen Zweifeln und Fragen
in dir.

11. ZUR RUHE KOMMEN.
Die politische Brisanz des Innehaltens

Vielleicht ist Ruhe in unseren Tagen ein anderes Wort für Gott geworden. Natürlich ist die Ruhe nicht selber Gott. Aber sie ist ein Sehnsuchts-Synonym, ein religiöser Platzhalter, eine geistliche Metapher: Wenn Menschen der Gottes-Begriff abhandengekommen ist, wenn Gott wie vieles andere irgendwie durch das Gitter des tagtäglichen Hamsterrades rutscht, wenn es „hinter tausend Stäben keine Welt" (Rilke) mehr gibt, dann werden Ruhe, Stille, Auszeit zum Ort, an dem ich zumindest erfahren kann, was mir fehlt.

Ruhe: Nicht die erschöpfte Ermattungsmüdigkeit auf dem Sofa – als Unterbrechung des Alltagstrotts, bis der nächste Morgen graut. Nicht der funktionalisierte Powernap, durch den man sogar noch während seiner Schlafenszeit versucht, „sich selbst zu optimieren", eine funktionalistische Fortsetzung meines „Langzeitprojektes Leben" mit anderen Mitteln. Nicht die finale Friedhofsruhe als großes „Rien ne va plus" am Ende meiner Tage. Sondern Ruhe als eine Tiefen-Zeit, eine Zeit äußerer und innerer Einkehr, eine Zeit des Loslassens, der Neuausrichtung, des Heraustretens. Ruhe als eine Zeit der Freiheit, um anders zu werden.

Zur Ruhe kommen: Das kann zum Inbegriff eines religiösen Prozesses werden. Der Begegnung mit Gott im Sinne eines Sabbats. Eine Gottesruhe. „Die kürzeste Definition von Religion" sei „Unterbrechung" (J.B. Metz)[25]. Wobei man eigentlich nicht zur Ruhe kommt, sondern die Ruhe kommt zu einem. Sie widerfährt einem, begegnet einem als Stille. Ruhe, Stille als Widerfahrnis, als Begegnung und zugleich als höchste Form der Präsenz. Ich tue nichts und bin gerade dadurch intensiv gegenwärtig. Bei mir, indem ich mich Gott öffne. Eine Fokussierung, eine Konzentration – gerade durch eine Begegnung außerhalb.

Von Gott selbst heißt es ja am Ende der Schöpfungsgeschichte, dass er ruhte: *„So wurden vollendet Himmel und Erde mit ihrem ganzen Heer. Und so vollendete Gott am siebenten Tage seine Werke, die er machte, und ruhte am siebenten Tage von allen seinen Werken, die er gemacht hatte. Und Gott segnete den siebenten Tag und heiligte ihn, weil er an ihm ruhe von allen seinen Werken, die Gott geschaffen und gemacht hatte."* (1.Mose 2, 1–3)

Nun kann man sich ja fragen, warum Gott eigentlich am siebten Tag ruhte. Braucht der Schöpfer von Himmel und Erde tatsächlich Urlaub? Gewiss, die Schöpfung der Welt ist ein großes Projekt. Aber eine re-kreative „Auszeit" des Höchsten, und das schon nach 6 Tagen?

In der biblischen Erzählung wird die Ruhe Gottes als Krönung der Schöpfung beschrieben. Sie ist, so verstehe ich sie, eine Form der freiwilligen Selbstzurücknahme Gottes. Gott nimmt Anteil an seiner begrenzten Schöpfung. Mit der Ruhe verhält es sich bei Gott und uns Menschen gleichsam überkreuz: Für Gott ist die Ruhe das Anteilnehmen an der Endlichkeit. Für uns Menschen das Anteilerhalten an der Unendlichkeit, der Ewigkeit Gottes. Die Ruhe Gottes am Ende ist dabei zugleich das Gegenstück zur wüsten Leere, dem Tohuwabohu am Anfang der Schöpfung. Die stille Zeit am Ende und der wüste Ort am Anfang gehören als Gegenstücke zusammen.

Das Ruhen Gottes am Ende der Schöpfung ist, wie wir vom jüdischen Glauben lernen können, einer der Schlüsselmomente biblischer Überlieferung überhaupt. Die Verschränkung von Zeit und Ewigkeit, von Gott und Mensch. Was so theologisch-besinnlich klingt, hat eine hohe gesellschaftliche Relevanz.

Drei Blitzlichter zur politischen Brisanz der Gottesruhe:

1. Ein anderes, resonantes Weltverhältnis:
Gegenwärtig denken viele Menschen zu Recht über ein anderes Verhältnis zur Umwelt, zur nicht-menschlichen Schöpfung nach: Was können wir tun, damit auch künftige Generationen dauerhaft und lebenswert auf diesem Planeten existieren können? Ich glaube, dass es für wirklich tiefgreifende Veränderungen nicht mit Aktionsprogrammen getan ist, sondern dass es ein anderes Verständnis von uns selbst braucht, woher und wohin wir unterwegs sind, worin wir ruhen, worum es in unserem Leben geht. Das schließt ein anderes Verhältnis von Tun und Lassen ein, von vita activa und passiva. Eine Form aktiver Passivität, wie sie exemplarisch im Gebet erfahren wird, und die sich mit politischer Leidenschaft verbindet. *„Durch stille sein und hoffen würdet ihr stark sein, aber ihr wollt nicht." (Jes 30,15)*

2. Die soziale Dimension des Ruhens:

In der Bibel finden sich ja zwei, leicht variierende Fassungen der Zehn Gebote, mit einer markant unterschiedlichen Begründung des Sabbats. Das eine Mal wird, wie oben, zu seiner Begründung auf Gottes Ruhe am Ende der Schöpfung verwiesen (2.Mose 20, 8–11); das andere Mal auf die Erfahrung, wie Gott das Volk Israel aus seiner Knechtschaft in Ägypten befreit hat (5.Mose 5, 12–15). Die gemeinsame Pointe bei beiden ist, dass Ruhe kein religiös-meditatives Privatvergnügen ist. Sie gilt vielmehr radikal allen: generationell den Erwachsenen wie den Kindern, sozial den Herrschenden ebenso wie den Mägden und Knechten, religiös den Angehörigen des Gottesvolkes ebenso wie den Fremdlingen, ökologisch den Menschen ebenso wie den Tieren (und Pflanzen). Gerade auch für die Fähigkeit zur Ruhe gilt: *„Das ängstliche Harren der Kreatur wartet darauf, dass die Kinder Gottes offenbar werden."* (Röm 8,19)

3. Große, lebensleitende Hoffnung:

Im Judentum gibt es die Vorstellung, dass, wenn Israel den Sabbat zweimal nacheinander halten würde, die Erlösung da wäre. Ich glaube, wir brauchen gerade auch für das eigene politische Handeln solche großen, lebensleitenden Hoffnungen wie diese. In ihr drückt sich die existentielle Unmöglichkeit aus, dass wir das Hamsterrad wirklich anhalten. Wir können nicht „nicht laufen". Der Sabbat wird wohl immer wieder gebrochen werden. Zugleich kommt darin aber eine lebensleitende Hoffnung jenseits unserer Möglichkeiten zum Ausdruck. Einmal wird es sie geben, die Ruhe und Erlösung für diese Welt. Mit Augustin formuliert: *„Unruhig ist unser Herz, bis dass es Ruhe findet in dir."* *(Confessiones 1,1)* Diese Perspektive begründet recht verstanden keinen politischen Quietismus, sondern ermöglicht als unverwüstliche Zuversicht allererst das Engagement in den Mühen des demokratischen Alltags. *„Es ist noch eine Ruhe vorhanden in Gott." (Hebr 4,4)*

Ruhe recht

Du kommst nicht zur Ruhe,
wenn Du Dich nur selbst
optimierst,
die freie Zeit mit Amüsement
erschlägst,
oder Dich vor dem Unrecht der Welt
in Keller, Garten und Garage
verkriechst.

Die Ruhe kommt zu Dir,
wenn Du für Dich und andere
ruhst,
die Freiheit Deine Liebe
stärkt,
und sich eine wundersame Zeit
auftut,
in der Welt-Schmerzen
heilen können.
Dann kann es geschehen,
dass Gott Dir
begegnet
in einer „Stimme verschwebenden Schweigens"[26].

12. Vom Rudern zu zweit und guten Geschichten

Was ich an Gott ja besonders schätze: Gott liebt Geschichten. Echte, gute Geschichten, keine Schnulzen. Damit hat er mich schon als Kind rumgekriegt. Diese Geschichten! Von Liebespaaren wie Abraham und der kichernden Sara im Zelt. Vom Mut der Menschen, wenn sie ihrem Glauben folgen und wie Mose gegen die Knechtschaft des Pharaos auftreten: „Lass das Volk Gottes ziehen!" Und vom Versagen der Menschen, wenn es wirklich darauf ankommt, wie Petrus in der Nacht des Verrats: „Ich werde Dich nicht verleugnen." Oder die Wunder und Gleichnisse Jesu: kreative Bomben – PUFF –, die im Kopf platzen und an Stelle frommer Lehr-Gebäude weite Freiräume für den Glauben schaffen.

Man stelle sich nur einmal vor, wie die Bibel wohl ausgesehen hätte, wenn sie von den kirchlichen Moral-Ausschüssen späterer Jahrhunderte abgefasst worden wäre – gleich welcher konfessioneller Couleur: *„Gott schuf Adam und Eva. Und die beiden lebten alle Tage glücklich und zufrieden und züchteten Lebens- und Apfelbäume in Eden. Und da sie ja nicht sterben konnten, leben sie noch heute. Amen."*

Gott liebt Geschichten, echte, gute Geschichten – weil er Menschen liebt. Menschen, die sich trauen zu leben, die sich um Kopf und Kragen leben, die sich verwirren, verirren, verlaufen, zerraufen, verrennen, zertrennen – und so früher oder später alle in der Wüste landen. Oder im Bauch des Wals. Oder in der Tiefe des Brunnens. Und dort begegnen sie dann Gott. Denn Gott ist ein Meister in Quer-, Holz- und Umwegen. Davon handeln die biblischen Geschichten – wie alle guten Liebes- und Lebensgeschichten.

Reiner Kunze hat ein Liebes- und Lebensgedicht geschrieben, das etwas von diesen Erfahrungen der biblischen Geschichten widerspiegelt:

„rudern zwei“ (Reiner Kunze)[27]

rudern zwei ein boot,
der eine kundig der sterne,
der andere kundig der stürme,
wird der eine führn durch die sterne,
wird der andere führn durch die stürme,
und am ende ganz am ende
wird das meer in der erinnerung blau sein.

„der eine kundig der sterne“: Es gibt Menschen, die auch als Erwachsene noch so viel Chaos in sich haben, dass sie einen „tanzenden Stern gebären“ können (Nietzsche)[28]. Sie haben eine Sternen-Kunde der besonderen Art. Sie sehen Sterne, die andere nicht mehr wahrnehmen können. Und sie folgen diesen Sternen wie die Weisen aus dem Morgenland auch noch nach. Das hat

mich immer fasziniert. *„Eure Alten sollen Träume haben, und eure Jünglinge sollen Gesichte sehen."* *(Joel 3,1)* Die Bibel ist voll von Träumerinnen und Träumern wie Abraham, als er zu den Sternen aufblickt, Jakob, als er die Himmelsleiter sieht, oder Maria, der Mutter Jesu, als sie auf die Worte des Engels hört und ihm vertraut. Das Leben verläuft für diese Menschen dann oft anders, als sie es sich dachten. Und oft ist auf ihrem Lebensweg mehr Wüstensand als Sternenstaub. Doch sie lassen sich ihren Sternen-Sinn, ihre Hoffnung und ihren Glauben nicht rauben. Auch in den Wüstenzeiten lassen sie Gott nicht so einfach davonkommen. Und vor allem: er sie nicht.

„der andere kundig der stürme": Und es gibt die anderen Menschen, die eine besondere Sturm- und Alltagskompetenz besitzen. Menschen mit der großen Gabe, bei den vielen Aufgaben, die gleichzeitig zu erledigen sind, eine ruhige Hand zu behalten – auch wenn es stürmt und windig wird. Menschen, bei denen Gott, als er ihre Hände schuf, sich wirklich besonders viel Mühe gegeben und dort einfach etwas Intelligenz mit eingebaut hat. Menschen, die mit ihren Händen denken können. Typen wie den Fischer Petrus, der irgendwie immer wieder das Falsche sagt, aber doch auf Jesu Weg von Anfang bis Ende mitgeht. Oder Martha, die sich anders als ihre Schwester darum kümmert, dass alles läuft. Doch auch mit einer hohen Sturm- und Alltagskompetenz ist es oft nicht einfach, mit dem Leben klar zu kommen. Es ist vielmehr oft ausgesprochen schwer zu arbeiten, zu schaffen, anzupacken und dennoch die eigenen Wünsche, Hoffnungen und den Glauben nicht zu verlieren. Dazu braucht es das Zusammenspiel mit dem traumbegabten, aber leider eben oft auch schrecklich unpraktisch veranlagten anderen.

„wird der eine führn durch die sterne, wird der andere führn durch die stürme": Nur beide zusammen vermögen es, das Boot durch Stürme und Sterne zu steuern. Dazu braucht es den Respekt voreinander – und Konzilianz. Ein herrlich altertümliches Wort für eine Haltung der Versöhnlichkeit, der Bereitschaft, nach Kompromissen zu suchen und dafür, dass man sich, auch wenn man sich notwendigerweise streitet, trotzdem weiter in die Augen sehen kann.

Dass die gemeinsame Geschichte gut ausgeht und das *„meer am ende ganz am ende in der erinnerung blau sein"* wird, liegt dabei nicht in der eigenen Hand. Das ist letztlich Gottes Sache. Auch mit aller Konzilianz, Sternenkunde und Sturmkompetenz kann man das Meer nicht blauer und die Liebe zueinander nicht wahrer machen. Und wir brauchen es auch nicht. Das Blau des Meeres ist ein Spiegel des Himmels. Und unsere Liebe zueinander ein Spiegel der Liebe Gottes. So sehr wir uns auch mühen, werden wir mit unseren Schrammen, Macken, Kanten immer aneinander scheitern und schuldig werden. Aber Gott versteht es, auch unsere krummen Seiten ins rechte Licht zu rücken.

Alice Munroe hat dieses tiefe Gottvertrauen und die Glaubensgewissheit in ihrem Buch „Liebes Leben" erzählerisch umgesetzt, so wie es Judith Hermann in ihrer Rezension beschreibt: *„Wir erwarten etwas vom Leben, und das bekommen wir nicht, wir bekommen aber stattdessen etwas ganz anderes. Und die Kunst ist, das zu begreifen und auch wertzuschätzen."*[29]

„und am ende ganz am ende wird das meer in der erinnerung blau sein": Das ist Sache der kreativen Liebe Gottes. Mit Himmelsblau kennt er sich aus. Und mit guten Geschichten.

13. RÜCKWÄRTSGEHEN

Alles fing an mit meiner Achilles-Ferse. Genauer gesagt mit einer Achillodynie. Meine Physiotherapeutin riet mir, zur Entlastung der entzündeten Sehne rückwärts zu gehen. Auf die Skepsis, die mir bäuchlings auf der Massage-Liege auch ohne Worte offensichtlich abzuspüren war, antwortete sie: „Aber, Herr Latzel, das kann Ihnen doch egal sein, was die Leute denken." Ich war unsicher, was das heißt: „Da stehen Sie doch drüber", oder „Das macht doch jetzt auch nichts mehr aus."

Nun ist eine rückwärtsgewandte Lebenshaltung ja weithin verpönt. Das ist retro, altbacken, konservativ, so was von 2015.

Auch biblisch gibt es hier einige Vorbehalte: Lots Frau blickt gegen die Anweisung der Engel zurück auf das untergehende Sodom und erstarrt zur Salzsäule (1.Mose 19,26). *„Wer seine Hand an den Pflug legt und sieht zurück, der ist nicht geschickt für das Reich Gottes." (Lk 9,62)* Auch Martin Niemöller soll diese agrarische Weisheit als geistliche Lebenshaltung an seinen Sohn vermittelt haben: „Junge, du musst zusehen, dass du im Leben immer eine gerade Furche ziehst." Der Blick zurück: in Zeiten der Flucht, der Umkehr, des Aufbruchs ist er fatal. Er passt schlecht in Zeiten großer endzeitlicher Zukunftserwartungen. „Vorwärts immer, rückwärts nimmer" (Erich Honecker). Oder fromm formuliert: *„Nun aufwärts froh den Blick gewandt und vorwärts fest den Schritt! Wir gehn an unsers Meisters Hand, und unser Herr geht mit."[30]*

Eine Geschichte, in der das soziale Akzeptanzproblem des Rückwärtsgehens anschaulich deutlich wird, kommt in dem absurd-komischen Western „The ballad of Buster Scruggs" der Coen-Brüdern vor[31]. Bei einem Treck von Siedlern Richtung Westen dreht sich ein Junge, der neben dem Plan-Wagen herläuft, auf einmal um und geht rückwärts. Auf die Frage seiner Mutter, was das denn solle, antwortet er: „Ich gehe jetzt rückwärts nach Oregon." Daraufhin scheuerte ihm seine Mutter eine und der Junge läuft wieder vorwärts.

Ich habe das Rückwärtslaufen dennoch ausprobiert – wie vieles andere, abgesehen von nächtlichen Kohlwickeln.

Eine interessante Erfahrung. Und: Es hilft der Sehne tatsächlich, vor allem, wenn man bergab oder Treppen runtergeht.

Wie bei allem, was man tut, muss man es nur sehr überzeugt und selbstverständlich machen.

Auf keinen Fall erklären oder gar rechtfertigen. Das erspart viele Fragen der Art: „Entschuldigen Sie, aber darf ich fragen, warum Sie rückwärtslaufen?" Falls sie doch kommen, hier ein paar mögliche Antworten: „Warum nicht?" „Weil ich es kann." „Weil Rückwärtsgeher nachweislich intelligenter, klüger, kreativer sind, älter und weiser werden, glücklicher leben. Und überhaupt besseren Sex haben." Oder: „Nicht fragen, ausprobieren."

Beim Rückwärtsgehen sieht man nur, was man hinter sich lässt, wovon man sich entfernt, nicht das, worauf man zuläuft.

Eine körperliche Einübung in eine abschiedliche Existenz und die Kunst des Loslassens.

Es steht quer zur zweckrationalen Zielorientierung, zur Fokussierung auf die Zukunft, zur Fiktion, wir könnten unser Leben wirklich vorhersehen, planen, kontrollieren.

Eine konstruktive Irritation nicht nur der physiologischen Abläufe, sondern auch meiner Wahrnehmung, meines Denkens, meiner Einstellung: Ich komme voran, aber sehe doch immer nur, was ich zurücklasse.

Ein echter Akt des Vertrauens: Je länger ich gehe, desto mutiger werde ich. Trotz regelmäßiger Schulterblicke, weiß ich nie sicher, was da kommt. Die Dinge tauchen erst kurz in meinem peripheren Sichtfeld auf – wenn ich sie dann deutlich sehe, sind sie schon wieder vorüber. Das Leben als Überraschungstüte.

Von Sören Kierkegaard stammt der weise Satz, dass man das Leben nur vorwärts leben und rückwärts verstehen kann.[32] Zur Veranschaulichung dessen wird oft auf das Bild des Ruderers verwiesen. Die Richtung, in die er sich bewegt, liegt hinter ihm. Das Ziel im Rücken.

Was hier im Blick auf das einzelne Individuum formuliert ist, lässt sich entsprechend auch auf die Menschheit insgesamt anwenden. Walter Benjamin etwa hat dies angesichts der Schrecken von Krieg und NS-Terror im Blick auf die menschliche Geschichte getan. Im Jahr 1940 interpretiert er das Bild „Angelus novus" von Paul Klee als „Engel der Geschichte" und formuliert auf eindrückliche Weise, wie sich diese personifizierte heilende Kraft rückwärts fortbewegt, von ihrem Ursprung weg, und bei den immer neu auftauchenden geschichtlichen Katastrophen gar nicht mehr hinterherkommt:

„Er [d.h. der Engel der Geschichte, TL] hat das Antlitz der Vergangenheit zugewendet. Wo eine Kette von Begebenheiten vor uns erscheint, da sieht er eine einzige Katastrophe, die unablässig Trümmer auf Trümmer häuft und sie ihm vor die Füße schleudert. Er möchte wohl verweilen, die Toten wecken und das Zerschlagene zusammenfügen. Aber ein Sturm weht vom Paradiese her, der sich in seinen Flügeln verfangen hat und so stark ist, dass der Engel sie nicht mehr schließen kann. Dieser Sturm treibt ihn unaufhaltsam in die Zukunft, der er den Rücken kehrt, während der Trümmerhaufen vor ihm zum Himmel wächst. Das, was wir den Fortschritt nennen, ist dieser Sturm."[33]

Ich glaube, dass „Rückwärtsgehen" auch für unsere Zeit eine große Rolle spielt. Weil es in ihm – passend zum Reformationstag – um einen Akt des Sinneswandels, des Umdenkens, der Einkehr geht. Eine Kehrwende, die paradoxer Weise den Schritt nach vorn erst ermöglicht.

Wir feiern in 2019 30 Jahre Wiedervereinigung. Zugleich gibt es Verständnisprobleme zwischen Ost und West. Auch weil wir vor allem im Westen nicht wirklich verstanden haben, was Menschen losgelassen haben, was hinter ihnen liegt und wie sich ein Leben in immer weiter schrumpfenden Regionen auf dem Land im Osten anfühlt.

Wir sprechen gegenwärtig – zurecht – viel von dem, was auf uns zukommt: Digitalisierung, Globalisierung, ökologischer Wandel. Große Aufgaben politischer, kultureller, sozialer Zukunftsgestaltung. Zugleich gibt es der Studie „Die andere Teilung Deutschlands"[34] zufolge in Deutschland insgesamt neben 19 % Wütenden, die Migration prinzipiell ablehnen und dem System grundsätzlich misstrauen, 14 % Enttäuschte, die sich nicht wertgeschätzt fühlen, die nicht mitkommen, die sich eine gerechtere Gesellschaft wünschen. In diesen beiden Gruppen sind über dreiviertel der AfD-Wähler angesiedelt. Angesichts von disruptiven Prozessen im Zuge der Digitalisierung werden diese Probleme sicher nicht kleiner werden.

Die Fragen des Umgangs mit den eigenen Herkünften wird auch auf Grund weiter zunehmender Migrationsbewegungen eine immer größere Rolle für alle Teile der Gesellschaft spielen.

„Rückwärtsgehen": Vielleicht brauchen wir mehr Zeiten, in denen wir dies gemeinsam mit anderen tun. Nebeneinander rückwärtsgehen, den Blick auf unsere verschiedenen Herkünfte miteinander teilen, zusammen abschiedlich leben[35] und sich gemeinsam in der Kunst üben, klug damit umzugehen, dass die Dinge immer wieder anders eintreten, als wir es erwartet haben. Das kann helfen, nicht nur die Sehne zu entlasten.

Zum Schluss etwas zwischen Gebet und Gedicht:

Zu Dir hin

Vielleicht.
Vielleicht können wir uns Dir, Gott,
nicht anders nähern,
als rückwärts zu gehen.
Unser Leben,
all das, was gewesen ist,
liebend, leidend, segnend
loszulassen.
Im Vertrauen darauf,
dass Du kommst,
ohne zu wissen, wie.

14. „DU SOLLST DEINEN POPULISTEN LIEBEN"
Zur politischen Aktualität der Feindesliebe

„Du sollst Deinen Populisten lieben." Der Satz knackt im Ohr, gleich auf mehrfache Weise:

- Wer soll das sein, *„mein"* persönlicher Populist: meine Cousine, die bei Familienfesten fremdenfeindliche Klischees von sich gibt, oder mein Nachbar, auf dessen SUV hinten ein fetter AfD-Aufkleber prangt?
- Ist *„Lieben"* der angemessene Umgang mit Populisten, gerade angesichts einer zunehmenden Verrohung und Radikalisierung nicht nur der Sprache, sondern des Denkens und Handelns?
- Kann man andere Menschen überhaupt in Form einer *Sollens*-Aussage, eines Gebotes zum Lieben auffordern?
- Und was meint überhaupt *„Populist"* – in diesem Satz (wie generell)?

Angesichts der Tatsache, von wie vielen Menschen bei den letzten Landtagswahlen eine Partei mit Spitzenpolitikern gewählt wurde, die sich klar rassistisch geäußert haben, erhält der Satz besondere Brisanz.

Die Aufforderung spielt offensichtlich an auf das biblische Gebot der Feindesliebe, das schon im Alten Testament an verschiedenen Stellen vorkommt (2.Mose 23,4f.; 3.Mose 19,18; Spr 25,21 u.ö.) und in der Bergpredigt Jesu dann, umfassend formuliert, eine zentrale Stellung einnimmt. Für den christlichen Glauben hat die Feindesliebe eine Schlüsselfunktion. Sie ist pointiert formuliert das Kennzeichen christlichen Lebens schlechthin. O-Ton Bergpredigt: *„Denn wenn ihr liebt, die euch lieben, was werdet ihr für Lohn haben? Tun nicht dasselbe auch die Zöllner? Und wenn ihr nur zu euren Brüdern (und Schwestern) freundlich seid, was tut ihr Besonderes? Tun nicht dasselbe auch die Heiden? Darum sollt ihr vollkommen sein, wie euer Vater im Himmel vollkommen ist."* (Mt 5,46ff.) Wobei es ja durchaus fraglich ist, ob es mit der Praxis der Feindesliebe bei den „Zöllnern und Heiden" immer so viel schlechter aussieht als bei den Frommen.

Nun gibt es seit rund 2000 Jahren eine lange und kontroverse Diskussion, wie mit diesen radikalen Forderungen umzugehen sei, insbesondere, inwieweit die Bergpredigt für politische Fragen späterer Zeiten Bedeutung haben kann oder soll.[36] Manche Ausleger haben die Forderung nach „Vollkommenheit" als eine Ethik verstanden, die nur Sinn ergibt, wenn man erwartet, dass das kommende Reich Gottes unmittelbar bevorsteht: morgen, in vierzehn Tagen, in einem Jahr – was aber dann seit 2000 Jahren eben nicht eingetreten ist. Andere haben sie daher sozialverträglich relativiert oder sie ausschließlich auf das individuelle Leben des Einzelnen bezogen. Mithin religiöse Privatsache. Und selbst hier sei die Radikalität der Bergpredigt – realistisch gesehen – nur etwas für einige besonders heilige lebende Auserwählte. Menschen gleichsam in der „geistlichen Premier League" von

Mutter Theresa, Martin Luther King Jr. oder Nelson Mandela. Oder von religiösen Gruppen „am Rande" der großen Kirchen, die fataler Weise oftmals wegen ihrer radikal praktizierten Feindesliebe verfolgt wurden. Pazifismus ist gefährlich. Stellvertretend für eine verantwortungsethisch bzw. realpolitisch motivierte, kritische Sicht steht die vielzitierte Äußerung von Helmut Schmidt: *„Mit der Bergpredigt kann man keine Politik machen."*

Eine andere Form sich der radikalen Zumutung zu entziehen, ist es, die Feinde einfach nominell abzuschaffen. Früher hatte man Feinde, heute haben wir Kolleginnen, Nachbarn, Parteifreunde. Womit die Sache mit dem Gebot elegant erledigt wäre. Dieser zivilisierende Prozess vollzieht sich anscheinend irgendwann im Zuge des Erwachsenwerdens. Als ich eine Konfirmand/-innen-Gruppe einmal bat, jeweils nur für sich die Menschen aufzuschreiben, die ihre Feinde wären und mit denen sie niemals gemeinsam essen würden, gab es 5 Minuten intensives Schreiben. Als ich die gleiche Bitte später bei der Frauenhilfe stellte, herrschte ebenso intensives Schweigen. Dies deckte sich nicht ganz mit meinem Eindruck von den Beziehungen in der Gruppe.

Es gibt ja eine Reihe berechtigter Zweifel daran, wie realisierbar die Forderung der Feindesliebe ist: „Wenn der Klügere nachgibt, dann geschieht Dummes." Auch als Eltern, denen etwas an religiöser Erziehung liegt, bringt man seinen eigenen Kindern anderes bei als „rechte Wange – linke Wange": „Du musst dich auch einmal wehren." Und wer Eigentum besitzt, braucht auch Waffen, um es zu verteidigen (Franz von Assisi). Nicht zuletzt war Jesus selbst ein durchaus streitbarer Mensch, wie die Tempelreinigung oder die Auseinandersetzungen mit seinen Gegnern zeigen. Doch der Stachel der gebotenen Feindesliebe bleibt. Hanns Dieter Hüsch fand dafür einmal den schönen Satz: „Ich fürchte, er hat das wirklich so gemeint."

Nun, Jesus war kein Demokrat, die Jünger/innen keine Partei und die Bergpredigt kein politisches Manifest. Und man sollte das auch nicht aus ihnen machen. Aber die Bergpredigt hat dennoch eine grundlegende politische Bedeutung. Weil sie eine andere Sicht vom Leben, vom Menschen, von Gott vermittelt. Eine Sicht, die mich selbst und auch mein politisches Engagement verändert.

Wie politisch brisant das radikale Liebesgebot wird, zeigt sich, wenn man es eben auf „Populisten" bezieht. Unter „Populisten" verstehe ich dabei nicht im weiten Sinn Personen, die dem Volk (populus) nach dem Munde reden (das ist opportunistisch, mitunter dämlich oder sogar gefährlich, gehört aber eben auch zum Geschäft der Mehrheitsbeschaffung in einer Demokratie). Hier sind im engeren Sinn solche Personen gemeint, die andere auf Grund ihrer Herkunft, Religion, sexuellen Orientierung oder ähnlichem aus dem Volk auszuschließen versuchen. Die das befreiend-revoltierende „Wir sind das Volk" in ein bedrückend-repressives „*Nur* wir sind das Volk" verkehren. Populismus in diesem Sinne ist seinem Wesen nach anti-pluralistisch (so Jan-Werner Müller)[37].

„Du sollst deinen Populisten lieben?" Wie geht man um mit Menschen, die in anderen immer „den Feind" sehen, eine gruppenbezogene Menschen-Feindlichkeit vertreten und sich so zum Feind einer offenen Gesellschaft machen?

„Du sollst deinen Populisten lieben." Ein paar offene Impulse zur aktuellen politischen Konkretion der Bergpredigt:

1. „Lieben heißt nicht lieb sein."
Wenn ich einen Populisten liebe, ist mir nicht egal, was er tut. Dann trete ich ihm umso klarer und entschiedener entgegen, wenn er Falsches sagt oder tut – eben, weil er mir nicht egal ist. Das Gegenteil von Liebe ist nicht Hass, sondern Gleichgültigkeit.

2. „Eine zentrale Pointe der Feindesliebe ist es, Person und Werk zu unterscheiden."
Ich halte es für grundlegend falsch und verabscheue es, wie sich ein Populist verhält. Deswegen ist er mein Feind und bleibt es vielfach auch. Aber ich werde mich nicht von ihm oder ihr dazu bringen lassen, in ihr oder ihm nicht mehr meine Schwester, meinen Bruder, meinen Mitmenschen zu sehen.

3. „Bei der Feindesliebe geht es darum, mich selbst und den anderen mit Gottes Augen zu sehen."
Ohne Gott – als eine bloße Regel politischer Klugheit – wird Feindesliebe in der Tat schnell abstrakt oder gar absurd. Die Feindesliebe braucht eine Form letzter Begründung. Für den Glaubenden hängt sie mit der Erfahrung zusammen, selbst als „Feind Gottes" von Gott geliebt zu sein. Als Unannehmbare von Gott unbedingt angenommen zu sein. Das verändert meinen Blick auf mich selbst und meine Feinde. Zu glauben heißt letztlich, sich in diese andere Sichtweise Gottes hineinziehen zu lassen: *„Seid vollkommen, wie euer Vater im Himmel vollkommen ist."*

4. „Feindesliebe ist brandgefährlich für den Geliebten."

Letztlich zielt die Feindesliebe auf nicht weniger als einen radikalen Sinneswandel (sprich Umkehr) des anderen. Es geht darum, nicht nur seine Worte und Taten, sondern seine Einstellung zu verändern. In der Sprache der Bibel: *„Wenn deinen Feind hungert, so gib ihm zu essen; dürstet ihn, so gib ihm zu trinken. Wenn du das tust, so wirst du feurige Kohlen auf sein Haupt sammeln."* *(Röm 12,20; Spr 25,21f.)* Hinter dem Bild steht wohl ein altägyptisches Bußritual, dass den anderen läutert oder mit schamrotem Kopf zurücklässt.[38]

5. „Feindesliebe hilft, sich selbst und den anderen ernst zu nehmen – aber nicht zu sehr."

In der Feindesliebe geht es darum, eine heilsame Distanz zu gewinnen zu dem, wie der andere auftritt, und von mir selbst. Es geht mithin um befreienden Humor im Gegensatz zu populistisch verbissener Hässlichkeit. Im kontroversen politischen Tagesgeschäft hilft es sehr, einen notwendigen Schritt zur Seite (oder zurück) zu machen, Kompromisse zu finden und im Anderen mehr als den Feind zu sehen. Wenn man die Pointe der Feindesliebe verstanden hat, kommt man nicht umhin, auch über sich selbst zu lachen. Eine politisch höchst produktive Tätigkeit.

6. „Feindesliebe hilft zum notwendigen Streit und kann davor bewahren, als Gesellschaft auseinanderzubrechen."

Eine große Gefahr in verschiedenen Ländern ist es, dass Menschen auf Grund ihrer politischen Gegensätze kaum mehr miteinander reden können. Wenn das geschähe, hätte der Populismus tatsächlich gesiegt. So notwendig das entschiedene Eintreten gegen jede Form von Menschenfeindlichkeit ist, so wenig helfen Parolen wie „Nazis raus" weiter. Wohin sollen sie denn raus: alle nach Sachsen, nach Anatolien, nach Russland? Dort wird man sich bedanken. Die Logik des „alle ... raus" stammt ja gerade von Populisten. Nein, es bleibt mir nichts anderes übrig, als mich mit meiner fremdenfeindlichen Cousine und meinem AfD-affinen Nachbarn selber auseinanderzusetzen. So anstrengend und mühsam das auch immer ist.

Vielleicht lässt sich die radikale Forderung der Feindesliebe nur verstehen aus der unbedingten Zusage, die ihr in der Bergpredigt einige Verse vorausgeht: *„Ihr seid das Salz der Erde."* (Mt 5,13) Nicht als Aufforderung, sondern als Feststellung: „Das seid ihr." Es ist interessant, welches Gewürz für die politische Relevanz des Glaubens gewählt wird:

- Kein affirmativer Zuckerguss politischer Freundlichkeit oder christlichen Gutmenschentums.

- Auch kein prophetischer Pfeffer als Bild einer scharfen, moralischen Kritik der Anderen, auch wenn Vertreter von Religion dazu gerne neigen.

- Sondern „Salz der Erde" – als elementarer Grundbaustein allen menschlichen, tierischen und pflanzlichen Lebens. Man kann wohl eine Weile von Luft und Liebe leben. Aber auch dann nicht ohne Salz. Es vermittelt, was es zum Leben braucht. Und es hat darüber hinaus eine rituelle Funktion als notwendige Zugabe beim religiösen Opfer, dem es zeichenhaft das entzieht, was das Leben gefährdet und verletzt.

Salz der Erde

Mich selbst so verstehen,
dass andere meiner bedürfen,
dass mein Leben eine Rolle spielt
für die Welt, den Kosmos, das Ganze.
Das steht quer zum Bild vom Menschen
als Zufallsprodukt der Evolution, determiniert
durch neuronale, genetische, psychische Prozesse
irgendwo am Rand des Universums.

Nein, Mensch, du bist wichtig.
Dein Leben ist wichtig.
Was du tust, denkst, sagst, ist wichtig.
Lebenswichtig für andere
für deine Mitmenschen wie für die Schöpfung insgesamt.

„Salz der Erde."
Mach dich frei von den kleinen Bildern,
die du oder andere von dir haben,
die dich selbst immer wieder mickrig machen.
Und lerne dich selbst verstehen
als einen Schlüssel zum Gelingen des Lebens
an deinem Ort.

„Salz der Erde."
Hör nicht auf zu brennen
in den Rissen der Gesellschaft
in den Wunden, die Menschen einander schlagen.
gegen jede Form von Hass, Gewalt und Gleichgültigkeit.

15. Der zweite Schlaf

- oder: von doofer Depression und weiser Melancholie

Nur noch schlafen

Vielleicht kennen Sie auch dieses Gefühl: Müde zu sein, unendlich müde. Nur noch schlafen wollen, Ruhe haben und am liebsten gar nicht wieder aufstehen. Selbst die kleinen Dinge des Alltages werden zur riesigen Last. Als Schatten meiner selbst rettet man sich gerade so über die Runden. Am besten, wenn alles vorbei wäre. Einfach nicht mehr aufwachen. Der unausgesprochene Wunsch nach dem Tod als Schlafes Bruder.

Rein körperlich ist alles in Ordnung, zumindest keine so schwere Krankheit, mit der man die eigene Schlaffheit entschuldigen könnte. Es fehlt einfach die Antriebskraft, der Elan, die Lebensfreude. Das Leben steckt in einer Sackgasse, die Seele ist krank, man will nicht mehr.

Vor allem sozial ausgerichtete, sensible, leistungsfähige Menschen kennen dieses Gefühl. Menschen, die mit dem Druck von außen und den hohen Ansprüchen an sich selbst nicht mehr zurechtkommen. In einer an Leistung, Konsum, Erleben orientierten Gesellschaft haben solche Erfahrungen keinen Platz. Doch Depressionen sind längst zur Volkskrankheit, zu einer regelrechten Epidemie geworden. Die Angst zu versagen, das Gefühl, nicht liebenswert zu sein, das Verzweifeln am eigenen Ich prägt das Leben von mehr Menschen, als man es zunächst annimmt. Schätzungen gehen davon aus, dass jede/r fünfte Bundesbürger/in wenigstens einmal in seinem oder ihrem Leben eine behandlungsbedürftige Depression erleidet.

In der Wüste unterm Dornstrauch

Die zu Grunde liegende Erfahrung ist dabei uralt. Die Bibel berichtet häufiger von Menschen, die am Leben verzweifeln, innerlich zerbrechen, den Tag verfluchen, da sie auf die Welt kamen, die einfach nur noch sterben wollen. Und es sind nicht irgendwelche Randfiguren, von denen das erzählt wird, sondern gerade die Hauptpersonen der biblischen Geschichte. Hiob sowieso, Jeremia in seinen Klagen, viele schwermütige Gebete in den Psalmen, Hagars Verzweiflung in der Wüste, Jakob auf seinem verwickelten Lebensweg von Bethel übern Jabbok bis nach Ägypten.

Oder etwa Elia, eine der ganz großen Gestalten des Alten Testamentes, eine Mischung aus Wundertäter, Prophet, Prototyp des Messias. Von niemandem sonst – außer vielleicht noch von Moses – werden so große Taten erzählt: Elia verkündet eine mehrjährige Dürre, er erweckt ein totes Kind wieder zum Leben, er richtet über Könige, am Ende seines Lebens wird er sogar in einem feurigen Wagen in den Himmel entrückt. Seine Wiederkunft wird im Judentum für die Endzeit erwartet; manche Zeitgenossen halten Jesus selbst für den wiedergekommenen Elia.

Und dieser Elia, der machtvolle Streiter für Jahwe als dem alleinigen Gott Israels, wird depressiv.

Eben noch hat er – für uns nur schwer einsehbar – 450 Propheten des kanaanäischen Gottes Baal nach einer Art Götterwettstreit auf dem Berg Karmel blutig hingerichtet. Nun liegt er selbst in der Wüste unter dem Dornstrauch und will nur noch sterben.

„Und Ahab (der König Israels) sagte (seiner Frau) Isebel alles, was Elia gemacht hatte und wie er alle Propheten Baals mit dem Schwert umgebracht hatte. Da sandte Isebel einen Boten zu Elia und ließ ihm sagen: ,Die Götter sollen mir dies und das tun, wenn ich nicht morgen um diese Zeit dir tue, wie du diesen getan hast!'

Da fürchtete er sich, machte sich auf und lief um sein Leben und kam nach Beerscheba in Juda und ließ seinen Diener dort. Er aber ging hin in die Wüste eine Tagereise weit und kam und setzte sich unter einen Dornstrauch und wünschte sich zu sterben und sprach: ,Es ist genug, so nimm nun, HERR, meine Seele; ich bin nicht besser als meine Väter.' Und er legte sich hin und schlief unter dem Dornstrauch.

Und siehe, ein Engel rührte ihn an und sprach zu ihm: ,Steh auf und iss!' Und er sah sich um, und siehe, zu seinen Häupten lag ein geröstetes Brot und ein Krug mit Wasser. Und als er gegessen und getrunken hatte, legte er sich wieder schlafen. Und der Engel des HERRN kam zum zweiten Mal wieder und rührte ihn an und sprach: ,Steh auf und iss! Denn du hast einen weiten Weg vor dir.' Und er stand auf und aß und trank und ging durch die Kraft der Speise vierzig Tage und vierzig Nächte bis zum Berg Gottes, dem Horeb." (1.Kön 19,1–8)

Die Geschichte des lebensmüden Elia hat viele Menschen in späteren Zeiten inspiriert. Etwa den niederländischen Maler Dirk Bouts, der in der zweiten Hälfte des 15. Jh. die *Speisung des*

Elia auf dem Flügel eines Altarbildes dargestellt hat (heute in der Schatzkammer der Kirche Sint Pieter in Löwen)[39]. Es zeigt Elia mitten in seiner Depression. Erschöpft und ohne Lebenswillen liegt er am Wegesrand. Von der Königin Isebel, einer Anhängerin des Baalskultes, verfolgt, hat er sich in die Wüste geflüchtet – auf dem Bild dargestellt als öde, karge Felsenlandschaft.

An Stelle des Dornstrauchs ist ein vereinzelter Baum zu sehen. Sein Stock liegt achtlos hingeworfen mitten auf dem Weg. Er selbst hat sich in seinen roten Mantel gehüllt. Den Kopf aufgestützt, die Augen geschlossen, will er nur noch schlafen und sterben. Die Geschichte einer verzweifelten Flucht, einer Lebenskrise, einer tiefen Depression.

Der zweite Schlaf

Doch Geschichte und Bild bleiben dabei nicht stehen. Es ist nicht nur die Geschichte von einer Depression, sondern auch von einer besonderen Hilfe. *„Und siehe, ein Engel rührte ihn an und sprach zu ihm: Steh auf und iss!" (V. 5)* Eine leichte Berührung, etwas Wasser und Brot, die Aufforderung, aufzustehen und zu essen. Mehr sagt und tut der Engel nicht. Kein Zerren und Wachrütteln, keine Moralpredigt und keine klugen Ratschläge. Das zeichnet den Engel als Boten Gottes aus: dass er weiß, *„mit den Müden zur rechten Zeit zu reden"* (Jes 50,4); dass er das *„andre stärkt, das sterben will"* (Offb 3,2). Und Elia steht auf und isst – und legt sich wieder hin.

Das ist wohl das Überraschendste an der Geschichte, dass das große Wunder ausbleibt, dass selbst der Engel Elia nicht einfach so wieder auf die Beine kriegt. Es gibt Zeiten im Leben von Menschen, da haben auch die Engel kein himmlisches Machtwort zur

Verfügung, dass alle Sorgen, Zweifel und Ängste einfach verscheucht. In solchen Stunden geht es um Überlebenshilfe in elementarster Form: Brot, Wasser und Weiter-schlafen-lassen.

Die Alten wussten um das Geheimnis des zweiten Schlafes. Wenn man mitten in der Nacht wach wird, nicht wieder einschlafen kann und man mit der Leere, der Verzweiflung, den Dämonen in einem selbst klarkommen muss. Dann braucht es danach Zeit für den zweiten Schlaf.

„Und der Engel des HERRN kam zum zweiten Mal wieder und rührte ihn an und sprach: Steh auf und iss! Denn du hast einen weiten Weg vor dir." (V. 7)

Erst jetzt, im zweiten Anlauf gelingt es, Elia wiederaufzurichten. Noch einmal stärkt der Engel ihn für die Aufgabe, die vor ihm liegt. Doch auch diesmal bleibt die Mahnung, sich nun aber endlich einmal auf den Weg zu machen, aus. Das Gemälde von Bouts zeigt den Moment des Aufweckens unmittelbar vor der Speisung. Ein weiß gekleideter, weiblicher Engel beugt sich über Elia, berührt sanft mit der Hand dessen Schulter. Links neben Elias Kopf kann man Brot und Wasserkrug erkennen. Das strahlende Weiß des Gewandes, die Haltung des Engels, die liebevolle Pflege – sie erinnern an eine Krankenschwester. Eine verletzte Seele wird hier versorgt, himmlische erste Hilfe für einen, der an sich selbst, am Leben krankt. Notversorgung in Zeiten, wenn einem die Seele zerreißt. „Steh auf und iss, denn du hast einen weiten Weg vor dir."

Verwandlung in weise Melancholie

Oben rechts auf dem Bild sieht man Elia dann noch einmal. Perspektivisch verkleinert hat der Künstler seinen weiteren Weg

mit in die Darstellung hineingenommen. Elia, deutlich wieder-
zuerkennen am leuchtenden Rot seines Mantels, hält den Wan-
derstab jetzt in der Hand und schreitet energisch voran.

*„Er ging durch die Kraft der Speise vierzig Tage und vierzig
Nächte bis zum Berg Gottes, dem Horeb"*, heißt es in der Geschichte (V. 8).

Das Ziel seiner Wanderung, der Gottesberg, ist schon am
Ende des Weges zu sehen. Dort wird Elia Gott selbst begegnen.
Gott wird sich ihm zeigen – nicht im mächtigen Sturm, nicht im
erschütternden Erdbeben und nicht im verzehrenden Feuer, sondern im leisen Säuseln eines Windes. Beides gehört wohl zusammen:

- erschöpft in der Wüste unter dem Dornstrauch liegen
  und hinauf auf den Gottesberg steigen,
- am eigenen Leben verzweifeln und sich von einem Engel
  speisen lassen,
- keine Luft mehr zum Atmen haben und in einem feurigen Wagen gen Himmel fahren.

Und vielleicht kann nur der Gott im stillen Wehen eines
Windes begegnen, der die Flauten des eigenen Lebens durchlit-
ten hat. Es ist die Verwandlung von „doofer Depression" in
„weise Melancholie". Eine schmerzgeborene Weisheit, die einem
– so es Gott gefällt – in Zeiten des zweiten Schlafes zu Teil werden kann.

16. „BRUDER BLAU-AUGE"
oder: Die wahre Geschichte vom verlorenen Sohn

Ist Ihnen eigentlich schon einmal aufgefallen, dass es bei den Geschwistern im Märchen wie in der Bibel meistens die Jüngsten sind, die eine besondere Rolle spielen? Der Kleinste findet als Dummling „Die Goldene Gans", rettet Tier und Mensch in „Die Bienenkönigin" oder gewinnt das Königreich in „Die drei Federn"; die jüngste Tochter knallt den „Froschkönig" gegen die Wand, überlebt als siebtes Geißlein im Uhrenkasten oder rettet die „Zwölf Brüder" und die „Sieben Raben"; der letztgeborene Bruder zieht aus, das „Fürchten zu lernen", erbt den „gestiefelten Kater" oder fängt den „goldenen Vogel".[40]

Ebenso ist es bei den biblischen Geschichten. Es sind die Jüngsten, die auserwählt sind und den Segen tragen: Abel wird dies zum Verhängnis; bei den Erzvätern und -müttern tragen die Jüngsten den Segen: Isaak, Jakob, Rahel, Benjamin; Mose, Gideon, David werden berufen, obwohl oder gerade weil sie ältere Geschwister haben; die jüngere Schwester Maria hat das bessere Teil erwählt.

Eine Umkehrung des Senioritätsprinzips, der herrschenden Werte in der Welt. Die unscheinbare Jüngste, der weltfremde „Bruder Blau-Auge", die versonnene Träumerin – sie bestimmen hier den Lauf der Geschichten. Nicht, weil sie irgendwie besser, klüger oder stärker wären. Im Gegenteil. Sie zeichnen sich vielmehr dadurch aus, dass sich ihnen das fundamentale Angewiesen-Sein auf „Wünsche" (Märchen) und „Wunder" (Bibel) besonders erschließt, weil sie eben sonst nichts haben.

Ähnlich ist es bei der Geschichte „Vom verlorenen Sohn" (Lk 15,11ff.). Natürlich ist es wieder der Jüngere. Und auch er wird auf besondere Weise erfahren, wie fundamental angewiesen und zugleich wundersam angenommen er ist.

Aber: Kennen Sie eigentliche die wahre Geschichte? Ich meine, so wie es sich tatsächlich zugetragen hat? Viele Gleichnisse, die Jesus erzählt hat, erschließen sich erst wirklich, wenn man sie „auto-fiktional" versteht: Es sind Erzählungen, die vom Erzähler handeln. Jesus wird in den Geschichten selbst zum Gleichnis. So ist das auch bei der Geschichte „Vom verlorenen Sohn". Ich glaube, dass sich Jesus, der „einziggeborene" Sohn Gottes, in dem jüngeren Sohn spiegelt. Und dass die Geschichte des „Sich-Verlierens" eine ganz neue Dimension erhält, wenn man sie auf dem Hintergrund der freiwilligen Selbsthingabe Jesu liest. Ein Versuch:

Ein Vater im Himmel hatte einen einzigen jüngsten Sohn. Und der Sohn sprach zu dem Vater: „Gib mir, Vater, das Erbteil, das mir zusteht." Und er gab es ihm.

Und nicht lange danach sammelte der Sohn alles zusammen, wurde Mensch und zog in ein fernes Land; und dort brachte er sein Erbe durch mit Prassen. Er ging keiner festen Arbeit nach, sondern zog mit seinen Freunden durch das Land, predigte von

Liebe und dem Reich Gottes, von einem Leben wie die Vögel unter dem Himmel und wie die Blumen auf dem Felde.

Er hatte große Gaben, bewegte Menschen mit seinen Worten, heilte Kranke, erweckte Tote – doch alles immer gratis. Und er war oft in schlechter Gesellschaft, aß mit Huren, Zöllnern und Sündern.

Als er nun all das Seine verbraucht hatte, alle Worte gesagt, alle Wunder getan, alle Liebe gelebt, da kam eine große Not über ihn und er fing an zu zittern, zu ringen, zu beten. Am Ende war er sprichwörtlich „vor die Säue" geraten. Und er hoffte, dass ihm jemand ein bisschen Trost für seine Seele geben würde. Doch es war niemand da, der ihn tröstete.

Da ging er in sich und sprach: „Wie viele Tagelöhner hat mein Vater, die Brot in Fülle haben, und ich verderbe hier im Hunger! Ich will mich aufmachen und zu meinem Vater gehen und zu ihm sagen: ‚Vater, ich habe mich verliebt, verloren, verlaufen, verirrt – gegen den Himmel und vor dir. Ich bin nicht besser als die anderen und hinfort nicht mehr wert, dass ich dein Sohn heiße; mache mich zu einem deiner Tagelöhner!'"

Und er machte sich auf, hinauf zur heiligen Stadt. Dort hielten sie aber wegen seines Lebenswandels scharf über ihn Gericht und ließen ihn hängen – draußen vor den Toren, an der Schädelstätte, am Kreuz. So kam er zu seinem Vater.

Als er aber noch weit entfernt war, sah ihn sein Vater, und es jammerte ihn; er lief und wollte ihm um den Hals fallen und ihn küssen. Der Sohn aber konnte nichts mehr sagen als nur: „Verloren" und „Warum".

Am dritten Tage aber, als die Sonne aufging, sprach der Vater zu seinen Engeln: „Bringt schnell das beste Gewand her und zieht es ihm an und gebt ihm einen Ring an seine Hand und Schuhe an seine Füße und bringt das gemästete Kalb und schlachtet's; lasst uns essen und fröhlich sein! Denn dieser mein Sohn war tot und ist wieder lebendig geworden; er hat sich aus lauter Liebe verloren und ist gefunden worden." Und sie fingen an, im Himmel fröhlich zu sein.

Die anderen aber, all die älteren Söhne, die Religiösen, Frommen und Angesehenen aller Lande, waren unten auf der Erde. Und als sie näher zum Himmel kamen, hörten sie Singen und Tanzen und sie riefen zu sich einen der Engel und fragten, was das wäre.

Der aber sagte ihnen: „Euer Bruder ist gekommen, und euer Vater hat das gemästete Kalb geschlachtet, weil er ihn gesund wiederhat."

Da wurden sie zornig und wollten nicht hineingehen. Da ging ihr himmlischer Vater heraus und bat sie.

Sie antworteten aber und sprachen zu ihrem Vater: „Siehe, so viele Jahre dienen wir dir und haben deine Gebote noch nie übertreten, und du hast uns nie einen Bock gegeben, dass wir mit unseren Freunden fröhlich gewesen wären. Nun aber, da dieser dein Sohn gekommen ist, der dein Hab und Gut mit Huren verprasst hat, hast du ihm das gemästete Kalb geschlachtet."

Er aber sprach zu ihnen: „Meine Söhne, ihr seid allezeit bei mir, und alles, was mein ist, das ist euer.

Ihr solltet aber fröhlich und guten Mutes sein; denn dieser euer Bruder war tot und ist wieder lebendig geworden, er hat sich aus lauter Liebe verloren und ist wiedergefunden."

Am Ende der Geschichte hörte ich meinen großen Bruder in mir schimpfen: „Bei aller Liebe, aber das ist echter theologischer Stuss. Der jüngere Bruder in der Geschichte ist einfach ein verantwortungsloser, egoistischer Typ, ein Sünder. Der hat mit unserem Herrn Jesus Christus nichts, aber auch gar nichts zu tun."

Worauf mein kleiner Bruder in mir lächelte: „Och, mir gefällt die Idee ziemlich gut. Das steht so herrlich quer zur allzu-frommen Versuchung, aus Jesus Christus immer wieder den ultimativen Big Brother, „den Herrn", zu machen. Nur um sich dann selbst wie sein religiöser Unteroffizier aufspielen zu können: ‚Wenn ihr nicht tut, was ich euch sage, gibt's Kasalla.'"

„So typisch weichgespülter liberaler Wischi-Waschi-Brei, wenn man sich nicht traut, glasklar von Schuld, Vergebung und vom Gericht Gottes zu reden. Damit kann echt niemand etwas anfangen."

„Oder es ist viel frommer als du denkst: ‚Er entäußerte sich selbst' (Phil 2,7), ‚wird für uns zur Sünde gemacht' (2.Kor 5,21): Da geht's um ein echtes Wagnis der Liebe Gottes."

Als die beiden sich nicht einigen konnten, was unter „Brüdern im Herrn" geflissentlich vorkommt, ging ich irgendwann zu Bett.

Drei Weisen, sich zu verlieren

Es gibt die Verlorenheit der älteren Geschwister
die immer alles richtigmachen
die genau wissen,
wie Welt, Leben, Glaube funktionieren,
doch Liebe nie wirklich verstehen.

Es gibt die Verlorenheit der jüngeren Geschwister
die immer alles anders machen
die sich verzetteln, alles vermasseln, sich vertun,
um am Ende bei den Säuen zu begreifen,
warum es Liebe braucht.

Und es gibt die tiefe Verlorenheit Gottes,
der die einen nicht zurückhalten
und die anderen nicht hereinholen kann
dem deshalb nichts anderes bleibt,
als sich selbst zu verlieren,
um beide liebend zu gewinnen.

17. PILGERN

Was fängt man als evangelischer Christ eigentlich mit dem Pilgern an?[41] Die Frage legt sich nahe, wenn man auf die Geschichte des Pilgerns schaut, zumindest in den letzten 500 Jahren. Da gab es – trotz protestantischer Pilgerväter – lange Zeit eine große Distanz des Protestantismus zum Pilgern. Sie gründet in der richtigen reformatorischen Kritik an jeder Form religiösen Leistungsdenkens. Pointiert gesagt: Wer pilgert, um vor Gott gut dazustehen, ist auf dem Holzweg. Positiv formuliert kann Pilgern allerdings – wie Luther es vom Fasten sagt – eine „feine äußerliche Zucht" sein, eine Hilfe für den Glauben und zum Glauben.

Die Geschichte des Pilgerns ist ja immer auch die Geschichte der Kritik des Pilgerns und die Suche nach dem rechten Pilgern. Insofern lässt sich der Protestantismus auch selbst als eine große Pilgerbewegung lesen. Nicht im Sinne eines traditionellen Wallfahrens, aber im Sinne eines „Wanderns mit Gott auf den Spuren der Mütter und Väter des Glaubens". In Form von „fünf Wegmarken" möchte ich versuchen darzulegen, worum es aus evangelischer Sicht beim Pilgern geht.

1. „Wanderbare Freiheit"[42]:

Wer pilgert, begibt sich in einen Erfahrungsraum religiöser Freiheit: *„Du stellst meine Füße auf weiten Raum" (Ps 31,9)*. Der Pilgernde geht heraus aus Pflichten und Zwängen des Alltages, löst sich von seinem Ort, ist offline, erfährt Weite, Raum, Zeit.

Diese „wanderbare Freiheit" ist dabei eine paradoxe Freiheit. Sie wird gerade darin erfahren, dass man sich auf Bindungen anderer Art einlässt: einen bestimmten Weg zu gehen, mit festen Gebetszeiten, mit alten Riten, je nachdem auch in Gemeinschaft mit anderen. Dieses paradoxe Verständnis einer „in Bindung erfahrenen Freiheit" gehört zu den Grundeinsichten evangelischen Glaubens. Luther drückt dies in der Schrift von der Freiheit eines Christenmenschen so aus: *„Ein Christenmensch ist ein freier Herr über alle Dinge und niemandem untertan. Ein Christenmensch ist ein dienstbarer Knecht aller Dinge und jedermann untertan."*[43] Pilgern kann zu einem Erfahrungsraum solcher Freiheit werden, weil der Mensch hier gleichsam aus sich herausgeht, sich als „exzentrisches Wesen" erfährt, frei von der Fesselung an sich selbst, frei für Gott, den Mitmenschen und sich selbst.

2. Sinnes-Wandel

Wer pilgert, wandelt seinen Sinn. Zunächst rein körperlich und dann – wo und wann es Gott gefällt – auch geistlich. Atem und Puls werden bewusster; Blasen schmerzen an den Füßen; Augen kommen zur Ruhe von der ständigen Bilderflut; Ohren hören Stille; es riecht nach Weg und Wald; der Kopf kommt auf andere Gedanken. Im Gehen und Beten, im Reden und Schweigen kann es sich dann ereignen, dass auch der „Seelen-Sinn", das Dichten und Trachten des eigenen Herzens neu ausgerichtet werden. Das Wort, das wir in der kirchlichen Tradition für diesen geistlichen Sinnes-Wandel haben, ist „Buße". In der ersten der 95 Thesen, die Martin Luther an die Tür der Schlosskirche zu Wittenberg schlug, klingt das so: *„Da unser Herr und Meister Jesus Christus spricht: ‚Tut Buße' usw. (Matt 4,17), hat er gewollt, dass das ganze Leben der Gläubigen Buße sein soll."*[44] Gemeint ist damit – im ursprünglichen Sinne des griechischen Wortes metanoia – genau dieser geistliche Sinnes-Wandel, die grundlegende Neuausrichtung des eigenen Herzens. Dass unser Herz einer anderen Grundmelodie des Lebens folgt, können wir nicht machen. Wir haben unser Herz nicht in der Hand. Wir können nur hoffen, dass Gott selbst – etwa im Pilgern – sich unserer geistlichen Herzrhythmus-Störungen annimmt.

3. Geistliche Quellensuche

Wer pilgert, geht auf Spurensuche. Er geht auf die Suche nach Wegen der Tradition, nach kulturellen Vorbildern, nach religiösen Erfahrung der Mütter und Väter im Glauben, nach geistlichen Quellen. Ob Jakobsweg, Elisabeth-Pfad oder Lutherweg: Es ist eine geistliche Such-Bewegung „ad fontes", zurück zu den Quellen. Dieser geistlichen Rückbesinnung und Quellensuche entspricht dann auch die archaische Form der Fortbewegung – das Gehen. Die reformatorischen Kirchen verstehen sich selbst im Blick auf ihre 2000-jährige Geschichte als eine solche Bewegung ad fontes, zurück zu den geistlichen Quellen. In der maßgeblichen Ausrichtung allein an der Schrift, dem sola scriptura, kommt dies zum Ausdruck. Und auch in der evangelischen Kirche spielt für die Annäherung an diese Quelle eine archaische Form der Kommunikation eine zentrale Rolle – die Rede, das unmittelbare persönliche Wort von Mensch zu Mensch. In der geistlichen Quellensuche des Pilgerns spiegelt sich so – aus evangelischer Sicht – die urprotestantische Bewegung zu den Quellen. Und vielleicht ist das Gehen in besonderer Weise geeignet, um unter den Bedingungen einer ständigen medialen Beschleunigung und allgemein kulturellen „Tempodroms" neu für das Reden und Hören von Gott zu sensibilisieren.

4. Konzentration auf das Wesentliche

Wer pilgert, konzentriert sich auf das Wesentliche. Zumindest sollte er oder sie das tun – allein schon tragetechnisch. „Du brauchst nicht viel, nur das Richtige." So die Werbung einer großen Outdoor-Marke. Der Konzentration auf das kulturtechnisch Notwendige – Rucksack, Wanderschuhe, Regenkleidung, Zahnbürste – entspricht die geistliche Konzentration. Kein Handy, Fernsehen, Internet. Stattdessen miteinander gehen, reden, beten, schweigen. Darin spiegelt sich die Konzentrationsbewegung, die sich in den reformatorischen „soli" ausdrückt: allein durch den Glauben, allein aus Gnade, allein in Christus. Alleine so begegnen wir Gott, erfahren wir den Sinn des Lebens, gründet sich die Kirche als Gemeinschaft der „Glaubenden auf dem Weg". Oder um es mit einer anderen Werbung zu sagen: Im Pilgern wie im Glauben geht es um ein „reduce to the max", um eine heilsame Reduzierung auf das Wesentliche, das zugleich das Maximum ist.

5. Freude an der Schöpfung

Wer pilgert, geht auf eine Entdeckungsreise, auf der ihr oder ihm die Schönheit von Gottes Schöpfung neu begegnet. Zu der ersten und wichtigsten Wiederentdeckung gehört dabei sicher die der eigenen Füße. Der Mensch ist nicht nur ein vernunft-, sondern eben auch ein fußbegabtes Wesen, ein „animal rationale et pedale". Dazu zählt dann die Schönheit der Mitmenschen und Mitwelt: von Wasser zum Trinken, von einem Dach über dem Kopf, dem Blick vom Berggipfel, von der Gemeinschaft auf dem Weg. Die Wiederentdeckung der Welt als gute und schöne Schöpfung Gottes. Das kann einen Menschen, wenn es sich ihm erschließt, glücklich, dankbar und froh werden lassen. Dies ist zugleich Ursprung evangelischer Ethik, eines Lebens aus Dankbarkeit.

Pilgern kann so ein Weg sein, um neu zu entdecken, worum es im christlichen Glauben geht. Das ist auch der Grund, warum sich die evangelischen Gemeinden und Kirchen vielfältigen in diesem Bereich engagieren: durch Pilgerreisen, durch eigene Pilgerpfarrstellen, durch die Pflege von Pilgerwegen, wie z.B. dem Lutherweg, dem Elisabeth-Pfad oder dem Weg von Loccum nach Volkenrhoda – und nicht zuletzt durch die geistliche und leibliche Gastfreundschaft für alle Menschen auf dem Weg.

Pilgern kann so ein Weg sein, sich selbst neu zu verstehen: als von Gott wunderbar geschaffenes Wesen – mit Beinen und Füßen; als geistlicher Bettler – der gratis, d.h. auf Gottes Kosten lebt; als ein freier Mensch – der für andere und für sich Bindung eingeht; als Liebhaber des Lebens – des eigenen Lebens und allen Lebens um ihn herum; als Wanderer zwischen Zeit und Ewigkeit; als Christ in der Nachfolge Jesu Christi. Und es kann ein Weg sein, die eigene Kirche neu als geistliche Herberge zu entdecken.

18. FLOWERPOWER

Kirchenjahreszeitlich wirken Blumen zwar etwas deplatziert, jetzt in der Passionszeit, wenn es in den Gottesdiensten auf Abendmahlstischen und Altären oftmals kahler wird. Und auch das Wetter draußen lässt nicht gerade blumige Gedanken und Frühlingsgefühle aufkommen. Doch die Wetterkundler, die Meteorologen, kümmert das wenig. Sie machen es sich einfach und setzen den 1. März als Frühlingsanfang fest – auch wenn noch die eine oder andere Schneeflocke fallen sollte. Und spätestens am 20. März fängt der Frühling auch kalendarisch an. Die Länge von Tag und Nacht sind einander gleich. Von nun an ist mehr Licht als Dunkel zu sehen. Anlass genug, diesen theologischen Impuls einmal den Blumen zu widmen.

Schaut man in der Bibel nach, wo dort Blumen vorkommen, so stellt man fest, dass sie in ihr ziemlich schlecht abschneiden. Nur an wenigen Stellen ist überhaupt von Blumen die Rede – und dann zumeist in einem kritischen Sinn. Und das, obwohl das Land Israel jedes Frühjahr prächtige Blüten trägt. Die biblische Blütenlese fällt dagegen mager aus. Geradezu ein floristischer Sündenfall.

Von *Gärten* ist zwar an zentralen Stellen die Rede: Der Garten Eden ganz am Anfang beschreibt das Ideal irdischen Daseins. Jesus wandelt in den Passions- und Ostergeschichten durch Gärten. Und in der Offenbarung, ganz am Ende, wird die künftige Herrlichkeit als Garten vorgestellt, bewässert von einem Strom lebendigen Wassers, der von Gottes Thron ausgeht.

Auch *Bäume* kommen häufig vor: Etwa der Baum des Lebens oder der Baum der Erkenntnis von Gut und Böse in besagtem Garten Eden. Von den Nachbarvölkern Israels werden die Bäume als Sitz von Göttern kultisch verehrt. Mit ihrer Langlebigkeit und Beständigkeit werden sie zum Sinnbild für das Leben des Glaubenden.

Aber die *Blumen* kommen recht schlecht weg. Zu kurzlebig: gestern noch auf dem Feld, heute in der Vase, morgen schon auf dem Kompost. So werden sie zum Zeichen des Vergänglichen, zum Bild für die Flüchtigkeit des menschlichen Lebens.
Etwa:

> *„Der Mensch geht auf wie eine Blume und fällt ab, flieht wie ein Schatten und bleibt nicht."* *(Hiob 14,2)*

Oder:

> *„Ein Mensch ist in seinem Leben wie Gras,*
> *er blüht wie eine Blume auf dem Felde,*
> *wenn der Wind darüber geht, so ist sie nimmer da*
> *und ihre Stätte kennet sie nicht mehr."* *(Ps 103,15f.)*

Schönheit wird ihnen zugestanden, sicher. Aber leicht hat es dann auch immer den Beigeschmack des Eitlen: So viel Farbenpracht für so kurze Zeit – und alles nur, um damit ein paar Bienen anzulocken.

Da entbehrt es nicht einer gewissen Ironie, wenn Jesus neben den Spatzen auch noch die Blumen förmlich ins Predigeramt einsetzt. An einer der seltenen „blumigen" Stellen des Neuen Testamentes, in der Bergpredigt, heißt es:

> *„Und warum sorgt ihr euch um die Kleidung?*
> *Schaut die Lilien auf dem Feld an, wie sie wachsen:*
> *Sie arbeiten nicht, auch spinnen sie nicht.*
> *Ich sage euch, dass auch Salomo in aller seiner Herrlich-*
> *keit nicht gekleidet gewesen ist wie eine von ihnen.*
> *Wenn nun Gott das Gras auf dem Feld so kleidet,*
> *das doch heute steht und morgen in den Ofen geworfen*
> *wird: Sollte er das nicht viel mehr für euch tun, ihr*
> *Kleingläubigen?"* (Mt 6,28–30)

Blumen als Predigerinnen, als Vorbilder für den Glauben, da-für, wie wir als Glaubende leben sollen. Dieses Mal, dieses eine Mal nicht die schweren, ernsten Bäume mit ihrer Beständigkeit, ihrer Festigkeit, ihrer tugendhaften Fruchtbarkeit. Sondern die leichten, unbedarften Blumen, diese Tagträumerinnen, diese Schöngeister, diese Künstlerinnen des Lebens: Sie blühen, duf-ten, sind einfach nur schön – und erfreuen alle, die sie ansehen.

Blumen als Predigerinnen, sie predigen eine sorglose Leich-tigkeit: „Sieh, wie schön Gott dich gemacht hat. Freu dich an deinen Farben. Nimm deinen lieblichen Duft wahr. Entfalte deine ganze Blütenpracht. Und lass das Sorgen mal ruhig Gott machen, das ist Schöpfersache." Diese stillen, schönen Predige-rinnen, sie lehren uns die „Blumensprache" des Evangeliums neu zu verstehen: dass wir frei und unbedarft als Blumenkinder Gottes leben dürfen und dass die Kirche mit ihren verschiedenen Frömmigkeits-Blüten ein bunter Blumengarten Gottes ist.

So weit, so lieblich, so nett. Ich glaube, Jesu Lilien-Spatzen-Vergleich bleibt aber hoffnungslos unterbestimmt, so lange man ihn nur als floristisches Wohlfühlwort versteht, ein himmlischer Fleurop-Gruß von hoher Poesiealbum-Affinität. Ein bisschen „Carpe diem" (Horaz)[45], ein bisschen „Sorge dich nicht – lebe" (Dale Carnegie)[46], ein bisschen Bergpredigt – was ja alles nicht verkehrt ist, irgendwie doch das Gleiche meint und schön zusammen gebunden dann auch nicht weiter wehtut.

Dabei übersieht man nur die subversiven Pointen. Schon die Tatsache, dass hier einer spricht, der im nächsten Atemzug Feindesliebe und eine vollkommene Gerechtigkeit fordert und dann am Kreuz landet, sollte einen davor warnen, in eine Wellness-Verständnis-Falle zu tappen. Dieser kleine Text hat es in sich.

Denn es sind ja die Herrschenden, die Mächtigen, die Vornehmen, deren Rolle als soziales Leitbild Jesus hier in Frage stellt: *„Salomo in all seiner Herrlichkeit"*. Salomo, der weise, reiche, schöne König par excellence: Er ist nicht nackt, aber eben bei weitem nicht so schön wie eine einfache, beliebige Blume auf dem Feld. Wenn Kleider Leute machen und soziale Unterschiede symbolisieren, bedeutet Sorglosigkeit hier mehr als modische Indifferenz. Manche Naturvergleiche sind weniger harmlos, als sie auf den ersten Blick daherkommen.

Aber nicht nur die Kleidung der Mächtigen wird ihrer Faszination beraubt. Die Zuhörerschaft Jesu (bzw. die Leser/innen des Textes) werden zudem an die radikale Vergänglichkeit der Herrschenden erinnert. Das ist etwas, was man nicht so gerne hört, wenn man selber regiert. Statuen, Münzen, Prunkbauten legen Zeugnis von den Versuchen ab, den eigenen Tod überdauern zu wollen. Auch da vermittelt das Bild vom Gras, *„das morgen in den Ofen geworfen wird"*, andere, subversive Assoziationen.

Endlich beinhaltet das Bild eine Kritik am Leistungsprinzip. *„Sie arbeiten nicht, auch spinnen sie nicht."* Und sehen trotzdem besser aus. Das klingt nach einer floralen „Anekdote zur Senkung der Arbeitsmoral" (Böll). Ist aber nicht weniger als die Proklamation einer radikal anderen Wirklichkeit, eines anderen Reichs, einer anderen Gerechtigkeit. Einer Wirklichkeit, in der den Armen der Himmel gehört, Leidende getröstet werden, Sanftmütige das Sagen haben, der Hunger und Durst nach Gerechtigkeit gestillt wird, Menschen mit einem liebenden, guten Herzen nicht enttäuscht werden, Friedfertige bei Gott zu Hause sind und alles Unrecht ein Ende hat.

Die ständige Sorge um sich selbst, so die spitze Aussage hier, ist einer der Gründe dafür, dass das alles nicht geschieht. Auf dieser Säule ruhen Ungerechtigkeit, Gewalt und Leid in unserer Welt. Sich daran von den Lilien und Spatzen erinnern zu lassen, ist mehr als wichtig.

Echte protestantische Flower-Power.

Aber nichts für das Poesie-Album der Kleinen.

Wie die Blumen auf dem Felde

Sei Distel für Mächtige
sei Rose für Verliebte
sei Lilie für Trauernde
sei Kalla für Künstlerinnen
sei Mohnblüte für Träumer
sei Tulpe für Freundinnen
sei Sonnenblume für Glückliche
sei Vergissmeinnicht für Getötete
sei Ranunkel für Charmante
sei Nelke für Revolutionärinnen
sei Iris für Hoffende
sei Brennnessel für Hartherzige
sei Jasmin für Feinfühlige.
Sei Blüte, Wurzel, Dorn, Blatt und Stiel.
Kleide Dich in Blütenpracht.
Sei alles, nur nicht
blasses Gras
oder hohles Stroh.

19. DER 29. FEBRUAR
UND DAS EWIGE LEBEN

„Mir fehlt ein Tag zwischen Sonntag und Montag." So lautet der Titel eines Buches der Journalistin Katrin Bauerfeind[47]. Pointierter Ausdruck eines verbreiteten gesellschaftlichen Lebensgefühls in der Turbo-Gesellschaft: Vor lauter Zeitmanagement und Terminen kommt man nicht zum Eigentlichen. Und eine schöne Idee: ein Plus-Tag für all die unerledigten Dinge, für das ungelebte Leben – „endlich ich, Zeit für mich".

Doch die Frage ist ja, was würde ich tatsächlich mit so einem Zwischen-Tag anfangen, wenn es ihn gäbe. Oder mit einem meiner Lieblingssätze aus dem Briefroman „Die Leiden des jungen Werther" zum 17. Mai:

> *„Die meisten verarbeiten den größten Teil der Zeit, um*
> *zu leben, und das bisschen, das ihnen von Freiheit übrig-*
> *bleibt, ängstigt sie so, dass sie alle Mittel aufsuchen, um es*
> *loszuwerden."*[48]

Nun, in 2020 gibt es ja einen solchen besonderen Tag. Zwar ist der 28. Februar ein normaler Freitag. Und der nächste Tag ein normaler Samstag. Aber der Wochenrhythmus kaschiert, dass es diesen Tag im sogenannten „Gemeinjahr" nicht gibt: den

29. Februar, den 366. Tag, den „Bonus-Extra-Gratis-Tag" im Schaltjahr.

Die Frage lautet also noch einmal konkretisiert: Was fange ich an mit diesem zusätzlichen „Bonus-Extra-Gratis-Tag" im Jahr. Ich glaube, die Antwort darauf hängt damit zusammen, wie ich mir das „ewige Leben" vorstelle. Drei Möglichkeiten[49]:

Variante 1 – Die quantitative Lösung

Ich hole auf im Rennen gegen die Uhr. Und erledige alles, wofür mir sonst die Zeit fehlt: Sport machen, die Wohnung aufräumen, Wäsche bügeln, Katzenklo reinigen, Eis essen mit den Kindern, Freunde treffen, den Wocheneinkauf erledigen, Eltern besuchen, Rechnungen abheften, ein Buch lesen. Ein ganzer Tag – 24 h – mehr im Jahr, der März ist erst morgen.

Dem entspricht eine Vorstellung des ewigen Lebens als Verlängerung („prolongation") der irdischen Spielzeit – die unendliche Abfolge von lauter 29. Februaren. O.K. vielleicht ohne Wohnung aufräumen, Wochenendeinkauf und Wäschebügeln. Aber ansonsten schon irgendwie eine Art des „ewigen Jetzt".

Der Science-Fiction-Thriller „In time – deine Zeit läuft ab" (2011) mit Justin Timberlake und Amanda Seyfried spielt diese Idee konsequent durch[50]: Das Leben wird quantitativ unendlich vermehrt, sofern man es sich leisten kann. Denn der Satz „time is money" erfährt hier eine sehr wörtliche Interpretation. Die Lebensverlängerung findet, hollywood-like, in dem Stadium statt, in dem man es am meisten mag. Mitte Zwanzig. Forever young. Was nur etwas merkwürdig wirkt, wenn die eigene Mutter genauso alt wie die eigene Freundin aussieht. Eine wichtige Schlüssel-Szene kommt ziemlich am Anfang des Films: Einer der Superreichen mit einem ewig langen Lebenszeit-Konto bringt sich um, grundlos, einfach so. Es ist scheinbar nicht so leicht auszuhalten, immer jung zu sein. Jeden Tag Frühling, niemals Ernte oder Ende. Kein Segen schöner Endlichkeit.

Variante 2 – Die qualitative Lösung

Der 29. Februar als ein Tag, an dem ich völlig andere Dinge tue: ein verrückter Tag, um anderes zu tun, zu denken, zu erleben – der Sonntag unter den Sonntagen. Ich gehe an Orte, an denen ich noch nie war, treffe Menschen, denen ich noch nie begegnet bin, springe über jeden Horizont, der mir begegnete.

Von einem guten Freund habe ich vor langer Zeit einmal das Buch „Spring über den Horizont" bekommen – mit 77 philosophischen Spielen, in unterschiedlichen Schwierigkeitsstufen.[51] Die funktionieren ungefähr so:

Ich gehe heute in den Park und umarme die ältesten, dicksten Bäume. Reaktionen von Passanten und Parkwächtern einfach ausblenden. Schwierigkeitsstufe I.

Ich spiele Herzens-Entrümpelung – und schmeiße allen Seelen-Schrott raus, den ich anderen Menschen nachtrage. Herrlich entlastend. Schwierigkeitsstufe IV – V.

Ich hole mir eine Kamera und drehe den Tag über einen Film – nur über mich. Handlung völlig egal. Am Ende schaue ich ihn mir mit guten Freunden und bekomme alle Oskars: bester Darsteller, bestes Drehbuch, beste Regie. Schwierigkeitsstufe III.

Ich setze mich alleine in ein Café und beobachte eine viertel Stunde einen Menschen. Wie ein Engel. Und überlege, wie er oder sie lebt, was ihn erfreut, ihn belastet. Was er bräuchte um ein anderer zu sein. Danach unterhalte ich mich mit meinem eigenen Engel – oder wahlweise der anderen Person. Schwierigkeitsstufe II.

Dem entspricht ein Bild des ewigen Lebens als das „große Andere". Das Paradies, der Garten Eden, das Schlaraffenland. Voll Süßigkeiten, die nicht dick machen. Einer Natur, die nicht piekst. Reine Lust, ohne Last. Licht, ohne Schatten.

So schön die Bilder sind, bleiben sie doch gefangen in dem Entwurf einer Gegenwelt. Eine Gegenwelt, die häufig mit den Farben und Tupfern dieser Wirklichkeit gemalt ist, fast wie ein übergroßer, himmlischer TUI-Katalog.

Variante 3 – Die kategoriale Lösung

Ich tue an diesem Tag das, was ich sonst auch tue: Arbeiten, Wohnung aufräumen, Eltern besuchen, Kaffee oder Tee trinken, Freunde treffen, Joggen – oder auch Bäume umarmen und mich mit Engeln unterhalten.

Aber ich tue es auf eine andere Art und Weise: im Horizont der Ewigkeit Gottes.

Mit dem Gefühl unendlicher Weite. Mit Dankbarkeit, tiefer Weisheit, Seelenweite, Großherzigkeit, Liebe, Kraft, Klarheit. Als Tag, der so auf ewig in Erinnerung bleiben sollte. Nicht etwas anderes machen, sondern die Dinge anders machen. Schwierigkeitsstufe X.

Wie das konkret aussieht, ist ungleich schwieriger zu beschreiben. Weil die Ewigkeit, die Unendlichkeit, die Wirklichkeit Gottes eben nichts ist, was wir einfach so machen können. Sondern vielmehr etwas ist, was mit uns etwas macht. Was mich verändert. Mich anders werden lässt: dankbarer, liebender, geduldiger, brennender, freudiger, weiser, gnädiger, leidenschaftlicher.

Der 29. Februar als ein Tag, an dem ich mich selbst von der Höhe und Tiefe und Weite der Liebe Gottes verändern lasse. Ein Tag, um – wie es in einem alten Kirchenlied heißt – mein Herz an die Ewigkeit zu gewöhnen.[52]

Und ein Tag, an dem ich mir bewusst werde, dass die vielen kleinen Dinge, die ich tue oder lasse, unendlich wichtig sind. Eine wunderschöne und lebensweise kleine Erzählung, in der das Aufleuchten dieser Ewigkeitsdimension mitten im Hier und Jetzt anschaulich wird, ist die Bildergeschichte „Selma" von Jutta Bauer[53]. Sie handelt von einem Hund, der auf seiner Suche danach, was Glück sei, vom „großen Widder" die Geschichte des Schafes Selma erzählt bekommt. Selma macht jeden Tag Sport (auf der Flucht vor dem Fuchs), bringt den Kindern das Sprechen bei („Mäh"), isst etwas Gras und spricht am Abend mit ihrer Freundin (einem Geier auf dem Baum). Als sie von einem Journalisten gefragt, was sie tun würde, wenn sie mehr Zeit hätte, erzählt sie wieder ihren gleichen (nur graphisch feinsinnig modifizierten) Tagesablauf. Ebenso auf die Frage, was sie bei einem Lotto-Gewinn tun würde.

Wie würde ich heute leben, wenn ich wüsste, wirklich tief in mir gewiss wäre, dass ich selbst, mein Leben, jeder Augenblick auf ewig in Gott aufgehoben sein wird?

Es ist interessant, dass eine mögliche Lebens- und Glaubenspraxis, die mit dem Aufscheinen und Anbruch der Ewigkeit mitten im Alltag ernst macht, eine erstaunliche Ähnlichkeit aufweist zur Quintessenz im Buch des Predigers. Und dies, obwohl dieser – gleichsam von der anderen Seite kommend – gerade keine künftige Ewigkeit vor Augen hat:

> *„Da merkte ich, dass es nichts Besseres dabei gibt als fröhlich sein und sich gütlich tun in seinem Leben. Denn ein jeder Mensch, der da isst und trinkt und hat guten Mut bei all seinem Mühen, das ist eine Gabe Gottes.“*

Vielleicht muss man manchmal ein irreführendes Verständnis des „ewigen Lebens“ verlieren, um die Beziehung von Augenblick und Ewigkeit neu zu entdecken.

Zeitumstellung

Man sagt,
die Uhren Gottes gingen
anders.
Ich glaube,
sie haben kein
Gestern, Heute und Morgen.
Nur
Augenblick und Ewigkeit.
Ich fürchte,
dass wird der schlimmste und schönste
Jetlag unseres Lebens.

20. „UND DIE WAHRHEIT WIRD EUCH FREI MACHEN "

Gegen die Wahrheit kann man ja eigentlich nichts wirklich haben. Nein, ehrlich. Sie lügt, trügt, irrt nicht. Auch flucht, raucht und trinkt sie nicht. O.K. – manchmal wirkt sie vielleicht ein bisschen langweilig, geradezu „protestantisch": so klar, nüchtern, korrekt. Aber das ist an sich ja auch nicht schlecht. Hat ja was. Sie ist die Korrektheit in Person – die Übereinstimmung von Begriff und Sache, von verschiedenen Lehrsätzen miteinander, von Wort und Tat. Konsistent, kohärent, konsensual, korrespondierend.[54] „Was wahr ist, muss wahr bleiben." Doch: Was macht die Wahrheit eigentlich so den ganzen Tag – außer Recht zu haben und rein und lauter und ehrlich zu sein? Und sich vielleicht (mit Pilatus) zu fragen, was oder wer sie eigentlich selber ist?

> *„Und Jesus sprach [...]: ‚Wenn ihr bleiben werdet an meinem Wort, so seid ihr wahrhaftig meine Jünger und werdet die Wahrheit erkennen, und die Wahrheit wird euch frei machen.'" (Joh 8, 30ff.)*

Das nenn ich nun wirklich eine Tat, die der Wahrheit würdig ist: *„Und die Wahrheit wird euch frei machen."*

Die Wahrheit (griech. aletheia) als das, was Freiheit (griech. eleutheria) schafft. Wahrheit als Befreiung, als Freispruch: wirksam, gültig, effektiv. Und der Freiheit bedürfen nicht nur die unwissenden, ungläubigen anderen, sondern gerade diejenigen, die alle bereits und schon längst an Christus glauben.

Die Wahrheit als Freiheit, als *wahre* Freiheit. Die wahre Freiheit, die den Glaubenden mit entblöster Brust über die Barrikaden seiner eigenen religiös-moralischen Gerechtigkeit führt. Die aus den Erinnyen, den rasenden Rachegöttinnen des eigenen, anklagenden Gewissens oder der eigenen Scham, Eumeniden, Wohlgesinnte, werden lässt.

Wahrheit als Freispruch. Für den kleinen, einsamen Zöllner oben auf dem Baum: „Steig eilend herab. Denn ich muss heute in deinem Hause einkehren." Der Freispruch von der Sorge um sich selbst, um den eigenen Reichtum, um die eigenen Grenzen: *„Es ist genug für alle da."*

Wahrheit als Freispruch. Für den gelähmten Mann auf der Trage: „Steh auf, nimm dein Bett und geh heim." Der Freispruch von den Krücken der eigenen Schwachheit, Ohnmacht und Hilflosigkeit: *„Du kannst deinen eigenen Weg gehen."*

Wahrheit als Freispruch. Für die vielen, die an der Welt, sich selbst, den anderen schier verzweifeln – und die dennoch Gott nicht loslassen. *„Dir geschehe, wie du geglaubt hast."*

Der Autor Heinrich Steinfest hat die Gleichnisse und Geschichten Jesu einmal als „kreative Bomben" bezeichnet[55]. Sie sperren sich gegen unsere moralische Vereinnahmung, detonieren in unserer Dogmatik, sprengen unsere wohlfeilen Bilder von Gott, uns selbst und unseren Mitmenschen. Und schaffen so den Freiraum, in dem sich wahrhaft wundersame Dinge ereignen können.

Eine der schönsten „Kreativ-Bomben" im Kontext der Wahrheit, finde ich, ist dabei die Geschichte vom unehrlichen Verwalter (Lk 16, 1–8).

Jesus sprach aber auch zu den Jüngern: „Es war ein reicher Mann, der hatte einen Verwalter; der wurde bei ihm beschuldigt, er verschleudere ihm seinen Besitz. Und er ließ ihn rufen und sprach zu ihm: ,Was höre ich da von dir? Gib Rechenschaft über deine Verwaltung; denn du kannst hinfort nicht Verwalter sein.'

Da sprach der Verwalter bei sich selbst: ,Was soll ich tun? Mein Herr nimmt mir das Amt; graben kann ich nicht, auch schäme ich mich zu betteln. Ich weiß, was ich tun will, damit sie mich in ihre Häuser aufnehmen, wenn ich von dem Amt abgesetzt werde.' Und er rief zu sich die Schuldner seines Herrn, einen jeden für sich, und sprach zu dem ersten: ,Wie viel bist du meinem Herrn schuldig?' Der sprach: ,Hundert Fass Öl.' Und er sprach zu ihm: ,Nimm deinen Schuldschein, setz dich hin und schreib flugs fünfzig.' Danach sprach er zu dem zweiten: ,Du aber, wie viel bist du schuldig?' Der sprach: ,Hundert Sack Weizen.' Er sprach zu ihm: ,Nimm deinen Schuldschein und schreib achtzig.' Und der Herr lobte den ungerechten Verwalter, weil er klug gehandelt hatte.

*Denn die Kinder dieser Welt sind unter ihresgleichen
klüger als die Kinder des Lichts.*

Ein Verwalter wird also verklagt – ob's wahr ist oder gelogen, man weiß es nicht – er wird verklagt, Hab und Gut seines reichen Herrn zu verschleudern. Als dieser ihn daraufhin auffordert, Rechenschaft abzulegen, verschleudert er es tatsächlich. Und zwar so richtig. Er stiftet dessen Schuldner an, ihre Schuldscheine zu dessen Lasten zu fälschen, um sich für sich selbst bei den Schuldnern einen Vorteil zu verschaffen. Und was tut der Herr? Er lobt den unehrlichen Verwalter – wegen seines unehrlichen Verhaltens. *„Und die Wahrheit wird euch frei machen."*

Da detoniert's im Theolog/innen-Kopf. Der offensichtliche Betrug, die Lüge wird zur Wahrheit, weil ...

Ja, weil was?

- Weil der Verwalter die irrealen Schuldenberge einer Wirtschaftsordnung, die nicht auf Rückzahlung, sondern auf bleibende Abhängigkeiten angelegt sind, auf ein realistisches, wahrhaftiges Maß zurecht stutzt?
- Weil er die Güter des Herrn ihrer wahrhaftigen Verwendung zuführt: Weil sie nicht zweckfrei besessen, sondern zum Wohle der Menschen verwendet werden sollen?
- Weil der Verwalter die Unerfüllbarkeit des Gesetzes Gottes erkennt und sich in einem paradoxen Akt daraus in die liebende Selbsthingabe an den Nächsten flüchtet?

Ich glaube, dass die Geschichte so funktioniert, dass an ihrem Ende die falschen Bedingungen ihres Anfangs umgedreht werden. Eine Art theologisches Möbiusband. Ein zur Rechenschaft geforderter Knecht handelt, als wäre er selbst der Herr des Besitzes. Und er wird am Ende dafür gelobt – weil er nämlich eigentlich gar kein Knecht ist.

„Und die Wahrheit wird euch frei machen."

Die Geschichte ergibt keinen Sinn und keine Wahrheit, solange der Verwalter Knecht bleibt. Sein trügerisches Verhalten deckt die Falschheit der Unfreiheit-Prämisse in seinem Kopf, seinem Herzen, seinem Selbstbild auf. Wie in den Köpfen, Herzen und Selbstbildern der Zuhörenden. Und sie führt so zu einer Wahrheit anderer Ordnung: *„Ein Christenmenschen ist ein freier Herr aller Dinge und niemandem Untertan."* (M. Luther) Er ist ein Gotteskind und kein kleinlicher Verwalter.

Wie auch der Herr der Geschichte kein kleinlicher Kontrolleur ist. Gott als die Wahrheit selbst ist der Grund unserer Freiheit.

Wahr ist, was Gott und den Menschen frei macht. Wahrhaft frei – auch und gerade von den religiösen Trugbildern des eigenen Selbst.

21. „WAS WIRD AUS ERWIN – JETZT, WO ER TOT IST?"

"Was wird aus Erwin – jetzt, wo er tot ist?" So lautete eine Frage, die meinen Mitvikar/innen und mir vor vielen Jahren im Predigerseminar bei der Behandlung des Themas „Trauerfeiern" gestellt wurde. Mit möglichst einfachen Worten sollten wir damals sagen, wie wir uns ein Leben nach dem Tod vorstellen. Anders als andere Probleme, mit denen man sich in der Ausbildung manchmal rumschlagen musste, stammte diese Frage unmittelbar aus dem Alltag. Viele von uns hatten schon einmal einen Menschen verloren, der einem sehr nahestand. Im Vikariat musste man selbst erstmals einen fremden Menschen beerdigen und die Angehörigen begleiten und trösten. Das berühmte „erste letzte Mal". Fast jede Woche müssen Ortspfarrer/innen seitdem im Gottesdienst von einem Gemeindeglied Abschied nehmen. Die Frage, was aus einem Menschen nach seinem Tod wird, stellt sich jedes Mal neu – und auch die Gefahr der eigenen sprachlosen Ohnmacht oder ausgestanzten Richtigkeiten.

Den ersten Christen etwa in der Gemeinde von Thessaloniki ging es da nicht viel anders. Sie rechneten für sich selbst zwar fest damit, dass der Herr noch zu ihren Lebzeiten wiederkommen wird. Tod und Auferstehung Jesu waren im Jahre 50 ja gerade mal zwanzig Jahre her. Doch waren auch in ihrer Gemeinde mittlerweile die ersten Todesfälle eingetreten – und mit ihnen kam die Frage: Was wird aus meinem Mann, meiner Frau, meinem Kind, jetzt, wo sie tot sind?

Paulus versucht in seinem Brief an die Gemeinde in wenigen Sätzen darzulegen, dass sie sich wegen der Verstorbenen keine Sorgen machen müssen (1.Thess 4,13–18).

Auf zwei Punkte hebt er dabei besonders ab.

Erstens betont Paulus, dass die Hoffnung auf die Auferstehung der Toten zum Glauben einfach dazugehört. *„Denn, wenn wir glauben, dass Jesus gestorben und auferstanden ist, so wird Gott auch die, die entschlafen sind, durch Jesus mit ihm einherführen."* Er zieht die einfache Schlussfolgerung: Wenn Christus auferweckt ist, dann werden auch die Christen auferweckt. Das eine ist ohne das andere nicht denkbar.

Zur Veranschaulichung beruft er sich dann auf ein Wort des Herrn. In eindrücklichen Bildern bietet es eine Art „Fahrplan für den Jüngsten Tag": Der Erzengel bläst in die Posaune, Christus kommt von oben auf den Wolken, die Verstorbenen stehen auf, zusammen mit den Lebenden werden sie Christus entgegen in den Himmel entrückt, um ihn wie eine Gesandtschaft auf die Erde einzuholen.

Zweitens: Wichtiger als die einzelnen Bilder, die sich so oder so ähnlich auch in anderen Texten aus der Zeit finden, ist die Pointe, die Paulus dem Ganzen gibt. Er unterstreicht, dass die Verstorbenen keinen Nachteil gegenüber den noch Lebenden haben. Es spielt keine Rolle, ob ein Mensch bei der Wiederkunft

Christi lebt oder tot ist. Tote und Lebende werden dann in gleicher Weise „bei dem Herrn" sein.

Gegen die drohende Sprachlosigkeit und Floskelflucht angesichts des Todes sind beide Aussagen von Paulus für mich wichtig, gerade in ihrer nüchternen Einfachheit:

1. Die Hoffnung für die Verstorbenen gehört zum Glauben an Christus einfach dazu.

Und 2. Für die Teilhabe am Heil spielt es keine Rolle, ob jemand am Jüngsten Tag lebt oder tot ist.

Es ist tröstlich zu wissen, dass unsere verstorbenen Angehörigen und Freunde bei Christus sind, auch wenn wir oft nicht wissen, wie. Unsere Vorstellungen von Raum und Zeit kommen hier notwendiger Weise an ihre Grenze. Doch als die, die mit der Leere leben müssen, dem Ohne, dem Fehlen des anderen, als die, die etwas verloren haben, als Hinterbliebene brauchen wir Orte und Zeiten. Orte und Zeiten, an denen wir zumindest die Spuren des Nicht-Mehrs erinnern können. Die leere Bank vor dem Haus, die Jacke an der Garderobe, das Grab am Friedhof. Platzhalter für den Verlust. Ein alter Pfarrer aus meiner Kindheit hat dies bei Trauerfeiern oft so ausgedrückt: „Hier liegt n.n. begraben. Er ist nicht hier." „Nicht hier": Das ist die negative Seite der Hoffnung. Um es positiv zu beschreiben, bleiben dann oft nur Bilder der Liebe, der Zärtlichkeit, der Geborgenheit. „In Christus", „in Gottes Händen", „zu Hause" in Gottes Reich. Im „Jetzt" des neuen Himmels und der neuen Erde, in der kein Leid, kein Geschrei, keine Tränen mehr sind. Und bei den Hoffnungsbildern ist noch viel mehr als bei den Spuren des Verlusts, dass uns nur zerbrechlich zarte Zeichen bleiben. Kerzen, Blüten, letzte Briefe.

Die Frage vom Anfang, was aus Erwin wird, jetzt, wo er tot ist, ist damit allerdings noch immer nicht ausreichend beantwortet. Paulus ruft die Thessalonicher in seinem Brief am Ende dazu auf, einander mit diesen Worten zu trösten. Doch damit wir einander trösten können, brauchen wir andere Vorstellungen und Bilder. Wir brauchen Vorstellungen und Bilder, mit denen wir unserer Hoffnung noch konkreter Ausdruck geben können. Die Bilder von dem Posaune blasenden Erzengel, dem Christus auf den Wolken und den entrückten Glaubenden, die den Thessalonichern damals geholfen haben mögen, sind für viele Menschen heute nicht mehr zugänglich. Ein bisschen zu viel apokalyptischer Barock.

Meine persönliche Antwort auf die Frage vom Anfang ist: *Aus Erwin wird endlich Erwin.* Das mag vielleicht etwas seltsam und verschroben klingen. Aber es bringt für mich einen wichtigen Gedanken zum Ausdruck. Was aus Erwin wird, hängt damit zusammen, wer Erwin gewesen ist. Mit dem Tod wird sein Leben hier auf Erden nicht gleichgültig. Und deshalb gibt es Hoffnungsbilder auch immer nur konkret, persönlich, individuell. Aus Erwin wird nicht auf einmal ein völlig anderer. Vielmehr geht all das, was für Erwin hier wichtig gewesen ist, mit in sein Leben nach dem Tod ein: dass er seine Eltern geliebt und bis ins Alter gepflegt hat, dass er viele Jahre glücklich mit seiner Frau und seinen zwei Kindern zusammengelebt hat, dass er gerne am See geangelt und Musik von Mozart gemocht hat. All das gehört zu Erwin. Wenn Erwin aufersteht, dann erstehen auch die vielfältigen Beziehungen auf, in denen Erwin gelebt hat.

Zu Erwins Leben gehörten aber auch dunkle und schmerzhafte Seiten: der Streit mit seinem Bruder um das Erbe, der die beiden ein Leben lang getrennt hat; seine cholerische Art, die den Umgang mit ihm manchmal schwer erträglich gemacht hat; der Schlaganfall, der ihn linksseitig gelähmt hat; der unerfüllte Lebenswunsch, ein Musikstudium zu absolvieren.

Die dunklen und schweren Seiten seines Lebens werden mit dem Tod ins rechte Licht rückt. Das meint die Rede vom Jüngsten Gericht: ins rechte Licht gerückt zu werden; befreit zu werden von dem, was als Leid oder Schuld auf mir liegt; zu Gott und damit endlich zu mir selbst zu kommen. Wenn Erwin aufersteht, dann wird sein Leben ins rechte Licht gerückt, dann kommt Erwin endlich zu sich selbst.

Beides gehört zur Hoffnung, die wir für unsere Verstorbenen haben dürfen: Das Schöne und Gute in ihrem Leben bleibt bewahrt, wird entfaltet und geht mit ein in das Leben bei Gott. Das Dunkle und Schwere wird ins rechte Licht gerückt, richtiggestellt und von Gott aufgehoben.

Wie sich dann beides zueinander verhält, was zum Guten gehört, das bewahrt wird, und was zum Dunklen, das vergeht, das wissen wir nicht. Das weiß allein Gott. Doch das können wir auch ruhig Gott überlassen.

Zum Schluss eine Geschichte, in der die zuversichtliche Unsicherheit schön zum Ausdruck kommt:

Zwei Mönche dachten lange und viel darüber nach, wie es einmal nach dem Tode bei Gott sein würde. Sie malten sich den Himmel in buntesten Bildern aus, doch sicher waren sie sich nicht. Als sie alt wurden, sagten sie zueinander: „Lass es uns so machen. Wer von uns beiden als erster stirbt, erscheint dem anderen im Traum und sagt ihm entweder ‚taliter‘ – das heißt: Es ist genauso, wie wir es gedacht haben – oder ‚aliter‘, es ist anders, als wir es dachten." Nach einer Weile starb einer der beiden Mönch. In der darauffolgenden Nacht erscheint er dem anderen im Traum und sagt: „Totaliter aliter." Völlig anders.[56]

22. DER WEG IN DAS LAND BITTERKEIT – UND DER ORT, „DA DER HERR SIEHT"

Viele biblische Geschichten sind fremd, quer, sperrig, schwierig zu verstehen. Das ist normal – und in aller Regel auch gut so. Es sind Texte aus anderen Zeiten, um eine andere Sicht auf die eigene Zeit zu gewinnen: auf mich selbst, die anderen, das Leben, die Welt und Gott. Fremde Worte, die, gerade weil sie in einem tiefen Sinne fremd sind, Neues eröffnen können. Die klassische Kanzel-Klage: „Der für den heutigen Sonntag vorgeschlagene Predigttext ist ein schwieriger Text", kann ich daher nicht verstehen. Damit umzugehen, ist Aufgabe des Predigenden. Entweder erschließt sich einem der Text als heilsam fremd – hoffentlich – oder man sollte schlicht einen anderen nehmen. Die Ordnung der Predigttexte ist ja kein Schicksal.

Nun gibt es allerdings eine Geschichte, die für mich eine echte Zumutung ist. Sie ärgert mich und regt mich auf, im Erwachsenen- noch mehr als im Kindesalter. Und sie führt mich an Grenzen des Verstehens. Ich meine die Erzählung von der Opferung oder genauer der Bindung Isaaks (1.Mose 22).

Um Gottes willen und um des Menschen willen: Ein Vater kann doch nicht sein eigenes Kind töten wollen!

- Ein unbegreiflicher Gott, der so etwas fordert.

- Ein enttäuschender Abraham, der sich ohne ein einziges Widerwort auf so eine Forderung einlässt.

- Ein unbefriedigender Schluss, an dem plötzlich Engel und Widder auftauchen und die unerwartete Lösung bieten.

Abraham kehrt heim, die Geschichte ist aus, ich aber ärgere mich weiter und meine Fragen bleiben offen. Dass das ganze „nur" geschieht, um Abraham zu versuchen, macht es für mich um keinen Deut besser. Mit so etwas spielt man nicht. Auch der Deutungsversuch, dass es um die religionsgeschichtliche Ablösung von Menschen- durch Tieropfer gehe, erklärt nicht, wieso wir uns damit auseinandersetzen sollten.

In meinem bleibenden Ärger und Unverständnis spüre ich aber auch, wie mich die Geschichte fasziniert. Sie zieht mich an, weil sich in ihr eine Grenzerfahrung menschlichen Lebens spiegelt: Was ist, wenn ich das Wichtigste in meinem Leben hergeben soll, wenn mir mein Kind oder mein Partner, meine Gesundheit, meine Lebenshoffnung genommen werden, wenn ich kurz davor bin, an Gott, am Leben, an mir selbst zu verzweifeln?

Die Geschichte gibt darauf keine Antwort, die sich in einen Satz fassen lässt. Sie erzählt vielmehr vom einem Weg: von Abrahams Weg in das Land Morija, in das Land „Bitterkeit". Sie erzählt davon, weil Menschen immer wieder den schweren Gang in dieses Land antreten müssen. Nicht, dass sich Abrahams Weg einfach übertragen ließe. Abraham ging seinen Weg, Sie gehen Ihren, ich gehe meinen. Aber manches von dem, was sich zwischen Gott und Abraham abspielt, kann helfen, ein Stück des eigenen Weges besser zu verstehen. Da kann Abraham zum Begleiter werden – nicht den ganzen Weg, aber doch das eine oder andere Wegstück. Deswegen – um Gottes und um des Menschen willen:

Erfahrungen auf dem Weg in das Land Bitterkeit.

1. Wegstück: Früh am Morgen aufstehen

„Und Gott sprach: Nimm Isaak, deinen einzigen Sohn, den du liebhast, und geh hin in das Land Morija und opfere ihn dort zum Brandopfer auf einem Berge, den ich dir sagen werde."

Die Ärztin ist sehr einfühlsam, als sie das Ergebnis der Untersuchung mitteilt; sie nimmt sich Zeit, um alles genau zu erklären. Doch die Diagnose ist endgültig, unerbittlich wie ein Schicksalsspruch. Wie ein Gottesurteil, in dem Gott die eigene Gesundheit, den Partner oder die Partnerin, das Lebensglück zurückfordert: *„Zieh aus aus dem Land der Gesundheit, aus deinen Lebensträumen, aus dem, was ihr euch noch gemeinsam vorgenommen habt, in das bittere Land der Krankheit."*

So etwas gesagt zu bekommen, schmerzt und kostet Kraft. Es kostet Kraft, um die Spannung auszuhalten: Die Spannung zwischen meinem Leben, das plötzlich seinen Sinn verloren hat, und dem Leben um mich herum, das weiterläuft wie an jedem anderen Tag. Die Spannung zwischen dem Gott, der mir die Gesundheit, die Partnerin/den Partner, das Lebensglück schenkt, und dem Gott, der mir das alles wieder nimmt oder wenigstens nicht verhindert, dass es mir genommen wird. Die Spannung zwischen Wut und Angst, Hoffen und Heulen, Schrei und Stille in mir.

Der Weg in das Land Bitterkeit beginnt dann am Morgen danach.

„Da stand Abraham früh am Morgen auf und gürtete
seinen Esel und nahm mit sich zwei Knechte und seinen
Sohn Isaak und spaltete Holz zum Brandopfer, machte
sich auf und ging hin an den Ort, von dem ihm Gott ge-
sagt hatte."

Ganz normale Vorbereitungen für eine Fahrt, bei der man
eine Weile von zu Hause wegbleibt: Das Auto schon mal aus der
Garage fahren. Dem Partner Bescheid sagen, dass er endlich fer-
tig wird. Noch schnell die letzten Sachen einpacken. Das übliche
Gerenne, wenn es einmal früh am Morgen losgehen muss.

Die Versuchung ist jedoch, genau das nicht zu tun. So zu tun,
als stünde die Fahrt in die Klinik nicht an. Wie sonst zur Arbeit
gehen. Im Alltagstrott weiterleben wie vorher auch. Die Diagnose einfach nicht beachten. Flucht in eine heile Scheinwelt.

Oder aber die andere Möglichkeit: Dem Ganzen gleich hier
und jetzt ein Ende setzen. Es hat doch sowieso keinen Sinn mehr.
Wieso sich die Schmerzen, die Therapie überhaupt noch antun?
Das bringt eh' nichts mehr. Dann doch lieber gleich hier und
jetzt: einfach zu viele Schlaftabletten – und alles ist überstanden.

Resigniert aufgeben oder weiterleben, als wäre nichts geschehen. Beides liegt verführerisch nahe, doch beides führt letztlich
nicht weiter. Am Morgen danach kommt alles darauf an, dass
ich den ersten, den schweren ersten Schritt auf dem Weg mache:
Früh aufstehen, die Sachen packen und losgehen.

2. Wegstück: Miteinander gehen

„Am dritten Tage hob Abraham seine Augen auf und sah
die Stätte von ferne und sprach zu seinen Knechten:
Bleibt ihr hier mit dem Esel. Ich und der Knabe wollen

*dorthin gehen, und wenn wir angebetet haben, wollen
wir wieder zu euch kommen. "*

Je länger der Weg sich zieht, desto schwieriger wird er. Zunächst sind noch die Freundinnen, Arbeitskollegen und Nachbarinnen da. Sie gehen ein Stück mit, rufen an, kommen zu Be-
such in die Klinik. Doch nach drei Wochen, drei Monaten, drei
Jahren lässt das irgendwann nach. Dahinter steht keine böse Ab-
sicht oder Lieblosigkeit; es ist einfach nicht mehr ihr Weg. Der
Weg ist zu schwer, der Krankheitsberg zu steil, als dass man so
einfach mitgehen könnte. Oft spürt das der kranke Mensch und
lässt die anderen deshalb bewusst zurück: *„Alles in Ordnung.
Macht euch um mich mal keine Gedanken. Das wird schon wieder. "*
Es reicht schon, dass es einem selbst zu schaffen macht.

Ab hier gehen der kranke Mensch und seine engsten Angehörigen – Frau oder Mann, Bruder oder Schwester, Kind oder Eltern – den Weg dann alleine weiter. Und die Lasten werden neu
verteilt.

*„Und Abraham nahm das Holz zum Brandopfer und
legte es auf seinen Sohn Isaak. Er aber nahm das Feuer
und das Messer in seine Hand; und gingen die beiden
miteinander. "*

Da gibt es die spitzen, gefährlichen Lasten der Krankheit, die
dem kranken Menschen zu schaffen machen: Die Angst, die
mich überfällt, wenn ich nachts allein im Zimmer liege und
nicht schlafen kann; die brennenden Schmerzen; meine Unruhe,
wie das Ergebnis der letzten Untersuchung ausgefallen ist. Und
da gibt es den lästigen Kleinkram, die sperrige Last des Alltages,
die ich als Partnerin oder Partner noch mitschleppen muss:

Rechnungen; Stress auf der Arbeit; die Steuererklärung, die unbedingt erledigt werden muss. Beide haben auf dem gemeinsamen Weg ihre Last zu tragen. Wer dabei stärker ist, wer schwächer, wer wen stützt – die Angehörige den Kranken oder umgekehrt –, kann man oft gar nicht sagen. Und immer wieder einmal wechselt das.

> *„Da sprach Isaak zu seinem Vater Abraham: Mein Vater! Abraham antwortete: Hier bin ich, mein Sohn. Und er sprach: Siehe, hier ist Feuer und Holz; wo ist aber das Schaf zum Brandopfer? Abraham antwortete: Mein Sohn, Gott wird sich ersehen ein Schaf zum Brandopfer. Und gingen die beiden miteinander."*

Wenn Menschen einen solchen Weg miteinander gehen, kommt es mitunter zu besonderen Gesprächen. Gespräche, in denen sie sich sagen, wie wichtig sie einander sind; Gespräche, in denen sie von dem reden, was ihr Leben trägt, worauf sie hoffen, was sie mit Gott zu tun haben. In solchen Momenten geht es nicht mehr um fromme Richtigkeit und tiefsinnige Gedankenspiele, sondern ums Eingemachte: Welchen Sinn hat es, überhaupt noch weiterzuleben? Von Gott bleibt einem Menschen dann manchmal nicht mehr zu sagen übrig als: *„Gott wird ... . Ich weiß nicht, was er tun wird, und ich weiß nicht, wie. Aber ich traue darauf, dass Gott handeln wird und dass er es für mich tun wird."* Für den Menschen selbst mögen seine Worte unfertig, dünn, brüchig klingen. Ohne rechten Inhalt, nicht einmal ein ganzer Satz.

Aber in dem Satzbröckchen *„Gott wird ..."* zeigt sich Glaube in seiner tiefsten und stärksten Form. Tiefer, starker Glaube, der es aushält, dass die eigenen Träume und Hoffnungen sich auflösen. Tiefer, starker Glaube, der an Gott weiter festhält, auch wenn er ihn nicht verstehen kann, nicht mehr von ihm zu sagen weiß als *„Gott wird ... “. „Gott wird ... – auch wenn ich nicht weiß, wie und was. Gott wird ... – und deshalb gehe ich weiter und gebe nicht auf.“*

3. Wegstück: An die Stätte kommen

„Und als sie an die Stätte kamen, die ihm Gott gesagt hatte, baute Abraham dort einen Altar und legte das Holz darauf und band seinen Sohn Isaak, legte ihn auf den Altar oben auf das Holz und reckte seine Hand aus und fasste das Messer, dass er seinen Sohn schlachtete.“

Irgendwann kommt der gemeinsame Weg dann an sein Ende. Der Tod zeichnet sich schon deutlich ab. Das Sterben wird jetzt nur noch eine Sache von Stunden sein. Ein Gefühl von Hilflosigkeit und Ohnmacht, wie gefesselt zu sein und nichts machen zu können. Und – so fremd das für Außenstehende auch sein mag – in dieser Situation fühlen sich Sterbende und Angehörige manchmal schuldig und verletzt zugleich. Widersprüchliche, harte Gedanken können einem sterbenden Menschen dann durch den Kopf gehen: *„Ich darf ihn doch nicht mit den Kindern alleine zurücklassen. Wie soll er ohne mich denn klarkommen?“ „Wieso hilft er mir nicht? Er kann mich doch nicht so einfach sterben lassen.“* Ähnlich aufgewühlt mag sich dann auch mancher Angehörige fühlen: alleingelassen, verletzt, versagend, schuldig. Viele Dinge, die man sich noch hätte sagen wollen, bleiben ungesagt.

„Da rief ihn der Engel des HERRN vom Himmel und sprach: Abraham! Abraham! Er antwortete: Hier bin ich. Er sprach: Lege deine Hand nicht an den Knaben und tu

ihm nichts; denn nun weiß ich, daß du Gott fürchtest
und hast deines einzigen Sohnes nicht verschont um mei-
netwillen. Da hob Abraham seine Augen auf und sah ei-
nen Widder hinter sich in der Hecke mit seinen Hörnern
hängen und ging hin und nahm den Widder und opferte
ihn zum Brandopfer an seines Sohnes Statt. "

Anders als bei Abraham bleibt das „Wunder" auf dem eigenen
Lebensweg leider oft, allzu oft aus. Keine plötzliche Genesung,
auf die man irgendwie noch gehofft hatte, keine Rettung in letzter Minute, kein strahlendes Happy End. Stattdessen erfahren
Menschen in Stunden des Sterbens Schuld, Schmerz und Verlust.

In ihrem Schmerz und Verlust wird es ihnen aber manchmal
auch geschenkt, einander loslassen zu können. Es wird ihnen geschenkt, Abschied nehmen und ruhig sterben zu können. Tief
im Innern spüren der sterbende Mensch und der Angehörige
dann die Gewissheit, dass es jetzt gut ist. Das ist, wie wenn ein
Engel zu einem spricht, wie wenn Gott selbst einen freispricht:
„Du kannst und brauchst nichts mehr für die andere zu tun. Du
darfst sie nun getrost loslassen. Jetzt bin ich für sie da. " Vielleicht
geschieht hier das eigentliche „Wunder": einander in Liebe loslassen können.

„Und Abraham nannte die Stätte »Der HERR sieht«.
Daher man noch heute sagt: Auf dem Berge, da der
HERR sieht. "

Wegen dieser Stätte ist es mir um Gottes willen und um des
Menschen willen wichtig, von Abrahams Weg in das Land Mo-
rija zu erzählen: Mittendrin im Lande Bitterkeit gibt es die
Stätte, *„da der HERR sieht".* Mittendrin in der Erfahrung von

Leid, Schuld und grauenvoller Götterdämmerung entdeckt Abraham, dass Gott auf seiner Seite, auf der Seite seines Sohnes steht, dass „*Gott sieht*".

Und darauf hoffe und traue auch ich, wenn dieser Weg einmal anstehen wird: Mittendrin in meinem Land Morija, in dem mir das Liebste genommen wird, gibt es für mich eine Stätte, „*da der HERR sieht*". Es gibt dort einen Ort, an dem ich entdecken kann, dass Gott auf meiner Seite ist und ein Auge auf mich hat. Das ist es, was dem Satzbröckchen „Gott wird ..." seinen Inhalt verleiht: „Gott wird ..." mein Leid sehen. „Gott wird ..." für mich da sein. „Gott wird ..." an meine Seite treten. An der Stätte, „*da der HERR sieht*", werde ich es erleben: „Gott wird ...".

Der Weg ist an dieser Stelle allerdings noch nicht zu Ende. Ein wichtiger Abschnitt fehlt noch.

4. und letztes Wegstück: Wieder zurückkehren

> „*So kehrte Abraham zurück zu seinen Knechten. Und sie machten sich auf und zogen miteinander nach Beerscheba, und Abraham blieb daselbst.*"

Am Ende gilt es, wieder zurückzukehren aus dem Lande Bitterkeit, nicht für immer dort wohnen zu bleiben in den Erfahrungen von Krankheit und Sterben, von Leid und Verlust.

Nach dem langen Hinweg, der sich manchmal über Monate und Jahre erstreckt, sieht der Rückweg in den Alltag von außen recht kurz aus. Nicht weiter der Rede wert, etwas, was sich schnell abhandeln lässt. Doch auch dieser Weg braucht Zeit. Der Abstieg vom Krankheitsberg, den die Angehörigen dann allzu oft alleine gehen müssen, kann ebenso schwer sein wie der Aufstieg. Auch hier gibt es Lasten zu tragen. Auch der Rückweg dauert oft Wochen, Monate oder sogar Jahre.

Wichtig ist es jedoch, dass man ihn geht. Die Stätte, „da der HERR sieht", ist der Ort, von dem aus der Rückweg beginnt.

Wieder hingehen zu den Freunden, Nachbarinnen und Arbeitskollegen. Mit ihnen sprechen über das, was auf dem Weg alles passiert ist. Und wieder ankommen am Brunnen von Beerscheba. Es ist der Ort, an dem sich Abraham mit seinen Nachbarn um Wasser zankte und wieder Freundschaften schloss, an dem er Handel trieb und Bäume pflanzte. Eben all die großen und kleinen Dinge des Alltages, die man am Dorfbrunnen, auf dem Marktplatz, am Gartenzaun so treibt. Sie sind jetzt wieder dran.

Wer einmal im Lande Bitterkeit gewesen ist, ist ein anderer geworden. Das Leid, der Verlust werden ihn weiter begleiten. Aber, weil er erlebt hat: „Gott wird ...", weil er die Stätte entdeckt hat, „da der HERR sieht", kann er auch wieder zurückkehren zum bunten Treiben und dem oft lauten, hektischen Leben am Brunnen von Beerscheba.

A N M E R K U N G E N

Bei den Quellenangaben habe ich versucht, auch möglichst leicht zugängliche Nachschlageorte im Internet anzugeben. Bibelstellen werden zitiert nach EKD (Hg.), Die Bibel. Nach Martin Luthers Übersetzung. Lutherbibel mit Apokryphen, revidiert 2017, Stuttgart 2017.

Abrufdatum aller angegebenen Internetquellen ist Anfang Dezember 2019.

[1] Leonard Cohen, You want it darker, in: ders., Die Flamme | The Flame. Aus dem amerikanischen Englisch von Nora Bossong u.a., Köln 2018, S. 181.

[2] Ders., Treaty bzw. You want it darker in: ders., ebd., S. 184; 181.

[3] Vgl. dazu www.ekhn-kunstinitiative.de/kunstinitiative2017/.

[4] Vgl. Leonard Cohen, Anthem, online: www.songtexte.com/songtext/leonard-cohen/anthem.

[5] So Friedrich Nietzsche, Jenseits von Gut und Böse, KSA 5, hg. von Giorgio Colli und Mazzino Montari, München ⁹2007, 3. Hauptstück, 46. Aphorimus: „Umwerthung aller antiken Werthe".

[6] Vgl. Rene Goscinny/Albert Uderzo, Das Geschenk Cäsars, Großer Asterix-Band XXI, Stuttgart 1996 (Nachdruck), S. 16.

[7] So Strafgesetzbuch in der Fassung der Bekanntmachung vom 13. November 1998 (BGBl. I S. 3322), das zuletzt durch Artikel 62 des Gesetzes vom 20. November 2019 (BGBl. I S. 1626) geändert worden ist. Im Internet: https://www.gesetze-im-internet.de/stgb/StGB.pdf.

[8] Vgl. allgemein Nora Molnar-Hidvegi, Art. Witwe und Waise (AT), WiBiLe, www.bibelwissenschaft.de/stichwort/34925/.

[9] Marie von Ebner-Eschenbach, Aphorismen, Erstdruck 1880, vollst. Neuausgabe, hg. von Karl-Maria Guth, Berlin 2015, Fünftes Hundert (sic!), Nr. 82: „Überlege wohl, bevor du dich der Einsamkeit ergibst, ob du auch für dich selbst ein heilsamer Umgang bist."

[10] Vgl. zum Folgenden die fünfteilige Reportage-Reihe des Deutschlandfunks: „Allein auf der Insel – Großbritannien und die Einsamkeit; online: https://www.deutschlandfunk.de/allein-auf-der-insel-grossbritannien-und-die-einsamkeit.922.de.html?dram:article_id=451619.

[11] Yasmina Reza, Glücklich die Glücklichen. Aus dem Französischen von Frank Heibert und Hinrich Schmidt-Henkel, Frankfurt a.M. 2015.

[12] Das Zitat wird Rainer Maria Rilke zugeschrieben. Es ist die Abwandlung eines Teilsatzes aus einem Brief Rilkes an Franz Xaver Kappus vom 14. Mai 1904, online: http://www.rilke.de/briefe/140504.htm: „[...] der Liebe, die darin besteht, daß zwei Einsamkeiten einander schützen, grenzen und grüßen."

[13] Ulrich Zwingli, Brief an den Züricher Rat vom 16. Juni 1529.

[14] Mary Beard, SPQR. Die tausendjährige Geschichte Roms. Aus dem Englischen von Ulrike Bischoff, Frankfurt a.M. 2018, S. 216–220.

[15] Gotthold Ephraim Lessing, Sinngedichte (Ausgabe 1771), Nr. 105 „Auf einen gewissen Leichenredner", in: ders. Werke, Bd. 1, hg. von Herbert G. Göpfert u.a., Lizenzausgabe Darmstadt 1996, S. 32.

[16] So das Motto der Evangelischen Kirche in Hessen und Nassau (EKHN); online: https://gott-neu-entdecken.ekhn.de/startseite.html.

[17] So Johann Wolfgang von Goethe, Die Leiden des jungen Werther, 1774; 2. Fassung 1787. Erstes Buch, 17. Mai 1771, in: ders., Werke, Bd. 2, Frankfurt ^{6}1989, S. 12; online: http://www.authorama.com/die-leiden-des-jungen-werther-7.html.

[18] Albert Mehrabian, Silent Messages. Implicit Communication of Emotions and Attitudes. Wadsworth, Belmont, California ^{2}1981.

[19] Zur kritischen Auseinandersetzung vgl. u.a. https://speakingaboutpresenting.com/albert-mehrabian-nonverbal-communication/.

[20] Vgl. dazu den Wikipedia-Artikel zu verbalen Rating-Skalen: https://de.wikipedia.org/wiki/Verbale_Rating-Skala.

[21] Vgl. zum Film https://de.wikipedia.org/wiki/Tatort:_Vielleicht.

[22] Der Aufsatz „Rechtfertigung und Zweifel" (1924) findet sich u.a. in Paul Tillich, Rechtfertigung und Neues Sein, hg. und kommentiert von Christian Danz, Große Texte der Christenheit 4, Leipzig 2018.

[23] Angeblich soll Rabelais auf dem Sterbebett seinem Gönner Kardinal Du Bellay haben ausrichten lassen, er gehe nun ein großes Vielleicht aufzusuchen: "Je m'en vais chercher un grand Peut-Etre". Vgl.

http://www.klassiker-der-weltliteratur.de/gargantua_und_pantagruel.htm.

[24] Das Gedicht, entstanden am 13. April 1903, steht am Anfang des dritten Teils von Rainer Maria Rilke, Stundenbuch „Das Buch von der Armut und vom Tode"; online: http://www.rilke.de/.

[25] Johann Baptist Metz, Glaube in Geschichte und Gesellschaft. Studien zu einer praktischen Fundamentaltheologie, Mainz 1977, S. 150: „Die kürzeste Definition von Religion: Unterbrechung."

[26] Vgl. 1.Kön 19,12 in der Übersetzung von Martin Buber/Franz Rosenzweig, Die Schrift, Band 2: Bücher der Geschichte.

[27] Reiner Kunze, Gespräch mit der Amsel. Frühe Gedichte. Sensible Wege. Zimmerlautstärke, Frankfurt a.m. 1984, S. 9.

[28] Friedrich Nietzsche, Also sprach Zarathustra. Ein Buch für alle und keinen, Chemnitz 1883, S. 15: „Ich sage euch: man muss noch Chaos in sich haben, um einen tanzenden Stern gebären zu können.", vgl. online: http://www.deutschestextarchiv.de/book/view/nietzsche_zarathustra01_1883?p=21.

[29] So Judith Herrmann auf dem Umschlag zu Alice Munroe, Liebes Leben. 14 Erzählungen. Aus dem Englischen von Heidi Zerning, Frankfurt a.M. ²2013.

[30] So „Nun aufwärts froh den Blick gewandt" von August Hermann Francke, Evangelisches Gesangbuch (EG) 394, Strophe 1.

[31] Vgl. zum Film den gleichnamigen Wikipedia-Artikel: de.wikipedia.org/wiki/The_Ballad_of_Buster_Scruggs.

[32] Vgl. Sören Kierkegaard, Die Tagebücher. Ausgewählt und übersetzt von Theodor Haecker, 2 Bd., Innsbruck 1923, S. 203: „Es ist ganz wahr, was die Philosophie sagt, daß das Leben rückwärts verstanden werden muß. Aber darüber vergißt man den andern Satz, daß vorwärts gelebt werden muß."

[33] Walter Benjamin, Über den Begriff der Geschichte (1940), These IX, in: Gesammelte Schriften, herausgegeben von Rolf Tiedemann und Hermann Schweppenhäuser (werkausgabe edition suhrkamp), Frankfurt a. M. 1980, Band I.2: Abhandlungen, S. 697f. Zur Zeichnung von Paul Klee: https://de.wikipedia.org/wiki/Angelus_Novus#cite_note-11.

[34] Vgl. die Homepage zur Studie: https://www.dieandereteilung.de/.

[35] Vgl. zum Begriff der „abschiedlichen Existenz" Wilhelm Weischedel, Skeptische Ethik, Frankfurt a.M [5]1990 bzw. Verena Kast, Trauern. Phasen und Chancen des psychischen Prozesses, Stuttgart 1982.

[36] Vgl. als einen Überblick Gottfried Adam, Ursula Berner, Ulrich Luz, Bergpredigt, RGG[4], Bd. 1, 1998, Sp. 1309–1315.

[37] Vgl. Jan-Werner Müller, Was ist Populismus? Ein Essay, edition suhrkamp, Berlin 2016, S. 129.

[38] John N. Day, „Coals of Fire" in Romans 12:19–20, Bibliotheca Sacra 160/4 (2003), S. 414–420 nennt drei Deutungslinien für den Ausdruck: a) ein Bild für das künftige Zorngericht Gottes, b) die brennende Scham durch die Liebestat, die zur Reue führe, c) der Bezug zu einem altägyptischen Bußritual.

[39] Vgl. die Abbildung im Wikipedia-Artikel: **Fehler! Linkreferenz ungültig.**.

[40] Vgl. Grimms Märchen. Vollständig illustrierte Ausgabe, hg. von Günter Jürgensmeier, mit Bildern von Charlotte Dematons, Düsseldorf 2007.

[41] Der Impuls geht zurück auf einen Vortrag beim Evangelischen Arbeitskreis für Konfessionskunde in Europa (EAKE 47/2010, S. 5–10).

[42] Vgl. die Homepage des Deutschen Wanderverbandes www.wanderbares-deutschland.de.

[43] Vgl. D. Martin Luther, Von der Freiheit eines Christenmenschen, Wittenberg 1520, online: https://www.freiheit2017.net/die-edition/.

[44] Vgl. D. Martin Luther, Disputatio pro declaratione virtutis indulgentiarum, Wittenberg 31. Okt. 1517, deutsche Übersetzung online: https://www.luther.de/leben/anschlag/95thesen.html.

[45] So Horaz am Ende der Ode „An Leukonoë", vgl. Quintus Horatius Flaccus, Carmina, I, XI, online: https://la.wikisource.org/wiki/Carmina_(Horatius)/Liber_I/Carmen_XI. Eine interessante Geschichte der Variation des Gedankens vom altägyptischen „Gespräch eines Lebensmüden mit seiner Seele" bis zum jugendkulturellen „YOLO" (für „You Only Live Once") findet sich online im Artikel: https://de.wikipedia.org/wiki/Carpe_diem.

[46] Vgl. Dale Carnegie, Fürchte dich nicht – lebe!, Frankfurt a.M. [8]2011.

[47] Vgl. Katrin Bauerfeind, Mir fehlt ein Tag zwischen Sonntag und Montag. Geschichten vom schönen Scheitern, Frankfurt a.M 2015.

[48] Vgl. die Quellenangabe bei Endnote 17.

[49] Zur Unterscheidung von quantitativen, qualitativen und kategorialen Differenzen vgl. Wilfried Härle, Dogmatik. De-Gruyter-Lehrbuch, Berlin/New York 1995, S. 74–76.

[50] Vgl. zu Handlung und Hintergrund des Films: https://de.wikipedia.org/wiki/In_Time_%E2%80%93_Deine_Zeit_l%C3%A4uft_ab.

[51] Aljoscha A. Schwarz, Spring über den Horizont. 77 philosophische Spiele für Herz und Verstand, Stuttgart 2004.

[52] So der Ausgang des Abendliedes von Gerhard Tersteegen, Nun sich der Tag geendet (EG 481), Strophe 5: „O Ewigkeit, so schöne, / mein Herz an dich gewöhne, / mein Heim ist nicht in dieser Zeit."

[53] Vgl. Jutta Bauer, Selma, Oldenburg/Hamburg ²2018.

[54] Eine instruktive Einführung in verschiedene Wahrheitstheorien bietet Wilfried Härle, Systematische Philosophie. Eine Einführung für Theologiestudenten, studium theologie 6, München ²1987, S. 169–187 bzw. allgemein der Wikipedia-Artikel: https://de.wikipedia.org/wiki/Wahrheit.

[55] So Heinrich Steinfest in einer Passionspredigt 2014 in der Darmstädter Stadtkirche, abgedruckt in: Gleichnisse Jesu. Predigten in der Gegenwart. Darmstadt 2014.

[56] Zur Geschichte der lateinischen Redewendung, der mittelalterlichen Mönchs-Erzählung und der Rezeption des „totaliter aliter" in Religionsphilosophie und Theologie (R. Otto, R. Bultmann u.a.) vgl. den gleichnamigen Wikipedia-Artikel: https://de.wikipedia.org/wiki/Totaliter_aliter.

Thorsten Latzel

TROTZDEM

Von der geistlichen Kraft zum Widerstand
in einer verrückten Welt

Theologische Impulse 1

Band 1 der Theologischen Impulse:

TROTZDEM. Von der geistlichen Kraft zum Widerstand in einer verrückten Welt (BoD-Verlag, 156 Seiten, 9,99 €)

Wenn ich nur ein Wort hätte,
- *um meinen Glauben in dieser Welt zu beschreiben,*
- *die Kraft zum Widerstand gegen Unrecht, Hass, Lüge, Gewalt*
- *die Hoffnung darauf, dass die Liebe am Ende wirklich siegen wird,*

dann wäre dies das kleine Wörtchen „trotzdem".
„Trotzdem" – das steht für die tiefe innere Freiheit,
sich nicht von außen bestimmen zu lassen.

Das Buch ist ein Experiment für eine andere Sprache,
um sich selbst, das Leben und Gott neu zu verstehen.
Es bietet 24 Impulse – persönlich, theologisch, kreativ –,
u.a. zu Nachtdämonen, Baumheiligen, Regenschirmen,
Gelassenheit, politischer Empörung und dazu,
warum man Gott nicht so schnell verstehen sollte.

Dr. Thorsten Latzel, geb. 1970 in Biedenkopf, war Vikar in Rodenbach und Pfarrer in Erlensee bei Hanau. Von 2005 bis 2012 war er als Oberkirchenrat der EKD für Struktur-/Planungsfragen zuständig und leitete dort das Projektbüro im Reformprozess. Seit 2013 ist er Direktor der Evangelischen Akademie Frankfurt. Thorsten Latzel ist verheiratet, hat drei Kinder und lebt in Darmstadt.